# 스마일
# 키퍼스

NVC에 기초한 자기 인식 및
사회적 인식 계발 프로그램

Smile **Keepers 1**

이 책의 한국어판은 한국NVC출판사에서 저작권자의 허락을 얻어 출간했습니다.
이 책의 일부나 전부를 상업적으로 이용하고자 하는 분은 한국NVC출판사로 연락 주시기 바랍니다.

## 스마일 **키퍼스 1**

**초판 1쇄 발행** 2012년 12월 1일
**초판 3쇄 발행** 2021년 2월 5일

**지은이** 나다 이냐토비치-사비치
**그림** 이반 사비치
**옮긴이** 한국NVC센터
**펴낸이** 캐서린 한
**디자인** DesignZoo
**펴낸곳** 한국NVC출판사

**등록** 2008년 4월 4일 제300-2012-21호
**주소** (03702) 서울특별시 서대문구 연희로 15길 78, 2층(연희동)
**전화** 02-3142-5586  **팩스** 02-325-5587
**이메일** book@krnvc.org

**ISBN** 979-11-85121-00-0 04180
         978-89-961048-8-9(세트)

* 책값은 뒤표지에 있습니다.
* 잘못 만들어진 책은 구입하신 서점에서 바꾸어 드립니다.

* 이 책의 제호인 "스마일 키퍼스"는 상표등록 제1029099호에 의하여, "Smile Keepers"는 상표등록 제1039247호에 의하여
  보호받는, 싱어 캐서린의 고유한 브랜드 자산입니다. 허락 없이 사용하는 경우 법적인 처벌과 제재를 받을 수 있습니다.

# 스마일 키퍼스

NVC에 기초한 자기 인식 및
사회적 인식 계발 프로그램

한국NVC출판사

**서문** 초판(1993)

'전쟁 상황에서 어린이의 발달을 돕기 위한 프로그램' 즉 스마일 키퍼스[Smile Keepers; 일명 '미소의 수호자(Guardian of Smiles)'] 프로젝트가 실현되도록 재정 지원을 해 주신 유니세프에 감사드립니다. 이 책도 유니세프 덕분에 세상에 나오게 되었습니다. 또 이 책에 담긴 심리 워크숍을 진행하는 데 도움을 주신 모든 심리학자들, 교육자들, 그리고 여러 유치원 교사들께 고마움을 전합니다. 그분들의 제안과 조언으로 이 책이 독자들에게 선보일 수 있는 모양을 갖추게 되었습니다.

또 이 책을 만드는 데 참여하신 모든 분들께 감사드립니다. 특히 아동 심리 발달을 더 완전하게 이해할 수 있는 아름다운 탐색의 길로 저를 이끌어 주신 이반 이비치 교수님께 감사드립니다. 이비치 교수님의 말씀은 제가 좌절하지 않고 이 책을 세상에 내놓는 데 큰 힘이 되었습니다. 무엇보다도 이 프로그램이 생명력을 얻고 '스마일 키퍼스'라는 이름과 어울릴 수 있도록 만들어 준 유치원 어린이들에게 마음 깊은 곳으로부터 감사를 전합니다.

1993년 10월 이 매뉴얼 초판이 발행되기 전, '스마일 키퍼스 1' 프로그램은 세르비아와 몬테네그로의 6개 도시에 있던 유치원에서만 진행되었습니다. 초판 발행 후 1995년 6월 『스마일 키퍼스 1』 2판이 나올 때까지 이 프로그램을 진행하는 곳은 총 44곳으로 늘어났습니다. 또 유치원뿐 아니라 여러 학교와 가정에서도 활용되었습니다. 그 결과, 현재까지 16,000여 명의 유치원생·초등학생들과 1,200여 명의 보호자들이 역동적인 스마일 키퍼스 네트워크에 참여하고 있습니다. 정말 기쁜 일입니다!

스마일 키퍼스 프로그램의 효과를 분석한 결과, 이 프로그램이 어린이들의 행동에 매우 긍정적인 변화를 일으키는 것으로 나타났습니다. 교사들의 평가에 따르면 프로그램에 참여한 어린이들은 프로그램 이전보다 더 열린 태도를 보이고, 더 편하게 감정을 표현하고, 타인에게 더 주의를 기울이고, 집중력과 끈기가 좋아지고, 더 사회적·창의적·자발적으로 바뀌고, 호기심이 많아지고 자신감을 보였습니다. 모둠·반 차원에서도 상호 신뢰와 협력이 향상되는 긍정적인 변화가 있었습니다.

교사들은 이 워크숍이 어린이 하나하나의 영혼을 깊이 알게 되는 소중한 기회였다고 강조합니다. 어린이들은 교사 앞에서 자신의 내면세계를 표현하고, 교사의 지지와 이해를 얻을 수 있었다는 점에서 매우 의미 깊은 프로그램이었다고 말합니다.

제가 저자로서 특히 기뻤던 점은 가장 민감한 주제인 분노, 두려움, 슬픔, 갈등을 다룬 워크숍을 어린이와 교사 양쪽에서 가장 높이 평가했다는 사실이었습니다. 스마일 키퍼스 프로그램이 어린이의 욕구를 잘 반영하고 있음을 다시 한 번 입증한 것이기 때문입니다.

사랑을 주제로 한 워크숍이 어린이들 사이에서 가장 인기가 있었다는 사실도 제게 큰 기쁨을 주었습니다. 어린이들은 삶에서 무엇이 가장 중요한지를 알고 있는 것입니다!

2판은 기본적으로는 초판과 크게 다르지 않습니다. 책의 그래픽 디자인을 일부 수정한 것이 전부입니다.

이 매뉴얼의 2판을 발행한 지 13년이 되었습니다. 그동안 기뻐하고 축하할 일들이 많았습니다.

교사들이 '스마일 키퍼스 1' 프로그램을 아주 좋아해서 지속적으로 새로운 그룹의 어린이들에게 프로그램을 소개했습니다. 그동안 얼마나 많은 어린이가 참여했는지 일일이 세어 보지는 않았지만, 10만 명이 넘는 것은 분명합니다. 또 연간 1,200여 명의 교사들이 스마일 키퍼스 프로그램 교육을 받았습니다.

2001년 이래 이 프로그램은 세르비아의 초등학교 1학년 과목인 (민주)시민교육의 한 부분으로 포함되었습니다. 세르비아의 교육부는 관심 있는 교사들을 위한 집중 교육을 제공했으며, 이 프로그램은 이제 세르비아의 거의 모든 학교에서 제공되고 있습니다. 이 프로그램은 또 유네스코와 유니세프 전문가들이 실시한 국제적인 외부 평가에서 긍정적인 평가를 받았습니다.

2004년, 이 프로그램은 세르비아 교육부 승인 프로그램 목록에 포함되었으며, 교사들을 위한 전문 교육으로 추천되었습니다.

2003~2004년, 전국 TV 교육 프로그램 팀과 협력하여, 한 그룹의 어린이들을 데리고 33개 워크숍으로 구성된 스마일 키퍼스 TV 시리즈를 만들었습니다. 어린이 시청자들의 반응이 아주 좋아서 올해에는 전국 TV 학교 프로그램에서 TV 스마일 키퍼스가 두 번째로 방영될 예정입니다.

2006년, '심리학 요소를 통한 폴란드 교육 지원 센터(Methodic Center for Psycho Pedagogic Assistance in Education in Poland)'와 협력하여 폴란드에서 지도자(트레이너) 교육을 실시했습니다. 이 지도자들은 폴란드의 교사들에게 스마일 키퍼스 교육을 제공할 터이고, 교사들은 다시 어린이들에게 스마일 키퍼스 프로그램을 제공할 것입니다. 같은 해에

독일, 스위스, 벨기에, 프랑스, 룩셈부르크의 일부 교사들이 이 프로그램을 학교에서 활용하는 데 관심을 보였습니다. 그렇게 해서 영문판이 나오게 되었습니다.

이 책에서는 참가한 어린이의 부모에게 스마일 키퍼스 프로그램의 내용과 효과에 대해 알려 줄 목적으로 진행되는 워크숍 2개(1, 32), 평가 워크숍(31), 그리고 교사들이 아이들에게 꼭 필요하다고 판단한 주제에 관한 새로운 워크숍 7개(9, 17, 18, 25, 26, 29, 30)가 추가되었습니다.

# 목차

서문 004

들어가는 말 010

이론적 배경 018

접근 원칙 020

워크숍 진행자들이 알아야 할 주요 사항 022

그 밖의 알아 두어야 할 사항 024


워크숍 01 어린이, 부모, 진행자가 서로 소개하는 시간 026

워크숍 02 자기 인식(1) 030

워크숍 03 자기 인식(2) 032

워크숍 04 시간 여행(자기 연속성) 034

워크숍 05 나의 쉼터 038

워크숍 06 나의 걱정거리 042

워크숍 07 느낌 표현하기 046

워크숍 08 느낌으로 소통하기 050

워크숍 09 잘 듣기와 듣지 않기 054

　　　　　 워크숍 10을 위한 부록 1 057

워크숍 10 의사소통과 오해(1) 058

　　　　　 워크숍 11을 위한 부록 2a 061

워크숍 11 의사소통과 오해(2) 062

　　　　　 워크숍 11을 위한 부록 2b 65

워크숍 12 협력하기(1) 066

워크숍 13 협력하기(2) 068

워크숍 14  꿈  070

워크숍 15  화(1)  072

워크숍 16  화(2)  076

워크숍 17  놀리는 별명  078

워크숍 18  고자질  084

워크숍 19  갈등  088

워크숍 20  두려움(1)  092

워크숍 21  두려움(2)  096

워크숍 22  슬픔  100

워크숍 23  나의 소원  104

워크숍 24  나, 그리고 남들이 보는 나  106

워크숍 25  우정  108

워크숍 26  비밀 친구  112

워크숍 27  사랑  114

워크숍 28  어린이의 권리  116

워크숍 29  내가 꿈꾸는 학교  120

워크숍 30  자유롭게 나를 표현할 수 있어요  124

워크숍 31  프로그램에 대한 어린이들의 평가: 내 안의 변화  126

워크숍 32  부모님들께 프로그램 결과 설명하기  128


리뷰  130

저자 소개  133

스마일 키퍼스® 프로그램 진행자를 위한 교육 안내  136

## ● 들어가는 말

"우리들 모두의 내면에는 강이 흐르고
이 강들은 모두 같은 다리 아래에서 만난다.
우리의 행복과 슬픔이 그처럼
제각각이면서도 비슷한 것은 바로 그 때문이다."

—미로슬라브 안티치의 「내가 상상하는 천국의 모습」 중에서

　이 책은 어린이들과 함께 우리가 어떻게 다르고도 같은지를 탐색하는 아름다움을 즐길 준비가 된 어른들을 위해 쓴 것입니다. 이 책은 오랜 기간 고민했지만 실제로 쓰는 작업은 며칠밖에 걸리지 않았습니다. '사회적 상호작용이 아동 심리 발달에 중요한 역할을 한다'는 이론을 어른과 어린이들의 성장에 도움이 되는 구체적이고 실질적인 활동으로 꾸미고자 하는 저의 오랜 노력 위에, 새로운 부분이 추가되고 다른 사람들의 경험이 보태졌습니다. 전쟁으로[1] 박탈된 아이들의 전인적 발달을 도와야겠다는 절박하고 강렬한 바람으로 인해 그간 축적한 모든 경험을 지금 여러분 앞에 놓인 모습으로 정리하게 되었습니다.

　이 책은 『스마일 키퍼스』 시리즈 중 제1권입니다. 이 프로그램은 유니세프의 후원을 받아 세르비아의 베오그라드대학 심리학연구소에서 제공되었으며, 1993년 2월부터 지금까지 세르비아와 몬테네그로의 유치원과 학교에서 활용되고 있습니다. 이 프로젝트는 두 부분으로 이루어져 있는데, 하나는 베스나 오그녜노비치가 진행하고 다른 하나는 제가 진행합니

---

1) 유고슬라비아 전쟁은 유고슬라비아연방 전역에서 1991년부터 1999년까지 여러 차례에 걸쳐 일어난 전쟁을 일컫는다. 민간인을 포함해 14만 명 이상이 사망하고, 수천 명이 실종되었으며, 100만 명 이상이 집을 잃었다.—옮긴이

다. 두 부분 모두 성인 스마일 키퍼들 즉, 유치원·초등학교·중학교·고등학교 교사들, 심리 학자들을 교육하기 위한 특별 NVC 워크숍 프로그램과 학령 전 아동부터 청소년에 이르는 다양한 연령대의 아이들에게 자아 인식과 사회적 인식 계발을 자극하는 프로그램들로 구성되어 있습니다. 이들 프로그램 각각은 후에 『스마일 키퍼스』 다음 권으로 발전할 수도 있습니다. 또 이 프로젝트를 진행하는 동안 어린이들의 작품 수천 점이 수집되었습니다. 초판에 포함되었던 그림들은 어린이들의 손과 마음에서 나온 작품들이 얼마나 풍부하고 소중하고 다양한지를 보여 주는 일부 사례에 불과합니다. 이 보물들만 가지고도 오늘날 아이들의 심리 세계를 보여 주는 책 서너 권은 너끈히 쓸 수 있을 것입니다.

이 책은 프로젝트에 참가한 유치원 교사들을 대상으로 만든 자료집을 개정, 보완한 것입니다. 모든 교사들은 어린이들과 함께 프로그램을 진행하기 전에 교육 워크숍에 참여했습니다. 이 워크숍의 목적은 워크숍 진행자들이 맞닥뜨릴지 모를 문제들을 미리 파악하고, 교육 역량 즉 메타 교육학적 자세 또는 아이들과의 관계에서 의도적 자발성(deliberate spontaneity)을 갖도록 하는 것이었습니다. 이와 같은 '직접 체험을 통한 학습'은 (아무리 잘 쓰인 책이라도) '워크숍 지도법' 지침서를 읽는 것으로는 절대 대체할 수 없습니다. 워크숍 참가자들에게서 퍼져 나와서 마치 전염되듯이 번지는 '기쁨'은 단순히 책을 읽는 것으로는 얻을 수 없는 체험 학습의 혜택입니다. 그래서 이 매뉴얼의 출판을 고려하면서 딜레마에 봉착했습니다. 한편으로는 긍정적인 효과가 입증된 이 프로그램을 최대한 많은 사람들에게 알려 주고자 하는 바람이 있지만, 다른 한편으로 워크숍을 직접 체험해 보지 않은 사람이 과연 이러한 방식으로 어린이들을 이해하는 일의 아름다움을 느낄 수 있을까 우려되었기 때문입니다.

이렇게 정적인 스크립트만을 보고 스마일 키퍼가 될 수 있을까? 하지만 결국 희망이 우려를 이긴 셈입니다.

이 프로그램의 성공을 가늠하는 가장 중요한 기준은 어린이들의 행동입니다. 아이들이 쾌활하고 호기심 가득한 얼굴로 워크숍이 시작되기를 기다린다면, 어린이들의 그림과 반응에 개성이 묻어난다면, 서로에게 귀를 기울이고 자신과 다른 사람들을 바쁘게 탐색한다면, 스마일 키퍼가 그들과 함께하는 것입니다.

## Ⅰ 목표

이 NVC 워크숍의 주된 목표는 어린이들의 인성 계발을 돕는 것입니다. 재미나게 노는 활동을 하면서 어린이들은 다음과 같은 기회를 가지게 됩니다.

- 자아 인식과 사회적 인식을 계발한다.
- 자신만의 특수성, 다른 사람들과의 차이점과 유사점을 알게 된다.
- 풍부한 경험을 통해 문제 해결 능력을 키운다.
- 정서적인 안정감을 얻는다.
- 부정적인 감정 상태와 갈등을 극복하기 위한 최선의 방법을 찾는다.
- 자기표현과 소통의 기술을 향상시킨다.
- 자신감과 타인에 대한 신뢰를 키운다.
- 자신과 타인을 더 잘 이해할 수 있게 된다.

『스마일 키퍼스 2』(11~15세용)와 『스마일 키퍼스 3』(청소년용)의 목표도 이와 동일합니다.

1993년 초에 스마일 키퍼스 초판이 발행되면서 이 프로그램은 50개 이상의 지역에서 진행되었고, 2천여 명의 성인 '스마일 키퍼'들과 2만 1천 명이 넘는 어린이들이 참여하게 되었습니다.

## Ⅱ 효과 평가[2]

총 3가지 유형의 데이터가 수집되었는데, 모든 데이터가 이 프로그램이 어린이들의 행동에 긍정적인 영향을 끼쳤음을 입증하고 있습니다.

### 1. 프로그램이 자신에게 끼친 영향에 대한 어린이들의 자체 평가

어린이들에게 프로그램이 효과가 있었는지, 있었다면 어떤 효과가 있었는지 물었습니다. 대다수 어린이들의 관찰에 따르면, 크게 세 가지 측면에서 눈에 띄는 큰 변화가 있었습니다.

---

2) '스마일 키퍼스 2' 프로그램은 1993년 9월부터 12월까지 세르비아의 33개 초등학교에서 3천 명의 학생들 (104학급)을 대상으로 처음 실시되었습니다. 총 211명의 교사들이 이 프로그램을 진행했습니다.

### a. 개인적 측면

- 자신감과 타인에 대한 신뢰가 커졌다.
- 서로의 같은 점과 다른 점에 대한 통찰력이 생겼다.
- 서로간의 긴장감이 줄어들면서 자신을 표현하려는 열린 태도가 향상되었다.
- 개인적 문제를 극복하는 구체적인 기술과 노하우를 습득했다.

다음은 어린이들이 직접 한 말입니다.

"무대 공포증이 사라졌어요!"

"아무리 어려운 문제라도 해결책이 있다는 걸 알았어요!"

"나 자신을 그렇게 깊이 들여다본 적이 없는데, 이제는 나에 대해 많이 알게 되었어요!"

"다른 아이들도 두려움을 느낀다는 걸 알았어요!"

### b. 동급생들과의 관계

어린이들은 서로 더 가까워지고 사이가 좋아졌다고 말했습니다.

### c. 교사와의 관계

어린이들은 선생님 앞에서 두려움과 분노, 슬픔을 표현하고 그것들에 대해 선생님의 지지와 이해를 얻을 수 있었다는 점을 매우 높이 평가했습니다. 어린이들은 워크숍 진행자의 태도가 지시적이거나 일방적이지 않았다는 점을 아주 좋아했습니다. "이 워크숍에서 저는 자유롭게 제 모습을 있는 그대로 내보일 수 있었고, 제일 좋았던 점은 아무도 그런 저를 야단치지 않았다는 거예요!"

## 2. 진행자들이 평가한 어린이들의 행동 변화(양적 평가)

프로그램 진행자들은 행동 조사 목록을 바탕으로 프로그램 전과 후에 모든 어린이를 평가했습니다. 이 목록은 20가지의 행동 속성으로 구성되어 있는데, 그중 10개는 긍정적인 것, 나머지 10개는 부정적인 것입니다. 아동의 행동에 나타나는 각 속성은 1~5점 척도로 평가되었습니다.

그런 다음, 프로그램 전과 후에 어린이들이 얻은 점수의 차를 분석하여 개인별 변화를 살펴보았습니다. 그러한 차이가 통계적으로 유의미하며 프로그램의 효과 측정에 사용될 수 있는지 확인하기 위해 t-검증을 실시했습니다. 그 결과에 따르면, 어린이들의 부정적 행동 속성이 감소하고 긍정적 속성이 크게 증가했습니다. 다시 말해, 프로그램에 참가한 어린이들은 열린 태도를 보이며 자유롭게 자기 감정을 표현하게 되었고, 타인에게 더 주의를 기울이고, 결단력·사회성·상상력·호기심·독립심이 더 커졌습니다. 그 반면에, 두려움과 긴장감, 수동성은 감소했습니다.

### 3. 진행자들이 평가한 프로그램의 효과(질적 평가)

보고서에서 워크숍 진행자들은 아이들의 행동에서 다음과 같은 모습들이 관찰되었다고 언급했습니다.

어린이들은 더 유쾌해졌으며, 참을성이 생겼고, 열린 태도로 소통하고, 적극적으로 감정을 표현하고, 자신과 타인을 더 깊이 이해하려고 하며, 행동 이면에 숨겨진 동기와 느낌을 찾으려고 했습니다.

진행자들은 또 전반적으로 학급 분위기가 좋아졌다고 말합니다. 어린이들 사이에, 그리고 교사와 어린이들 간에 협력이 증가하면서 공격적인 행동이 줄었습니다.

진행자들은 이 프로그램을 통해 어린이들을 더 잘 알게 되었다고 말합니다. 특히 내성적인 아이들이 전에는 스스로 인지하지 못했거나 보여 주고 싶어 하지 않았던 능력과 자질을 다른 사람들 앞에서 보여 주는 모습을 보고 매우 기뻤다고 합니다.

위의 프로그램 평가 결과는 가장 눈에 띄는 데이터만을 언급한 것입니다. 긍정적인 효과에 대한 보고는 이 밖에도 매우 많습니다.

이 매뉴얼은 어린이들의 인성 계발을 돕고자 노력하는 많은 교사들이 스마일 키퍼스 프로그램을 활용할 수 있도록 돕기 위해 발간되었습니다. 하지만 워크숍을 직접 체험해 보거나 그와 관련된 교육을 받지 않은 사람이 과연 이 매뉴얼을 제대로 활용하고 스마일 키퍼스 프로그램의 정신을 잘 살릴 수 있을지 우려되는 것도 사실입니다.

## Ⅲ 진행자들을 위한 교육

모든 진행자들은 어린이들과 프로그램을 진행하기 전에 16개 워크숍(32시간)으로 구성된 특별 교육 프로그램에 참여해야 합니다. 이 교육은 프로그램 진행자들이 각 워크숍의 내용과 목표에 대해 배우고, 직접 체험과 적극적인 전문성 개발을 통해 워크숍 진행 기술을 습득하도록 돕기 위한 것입니다. 또 전통적 교육 방식이 아닌 대안적 방식을 학습함으로써 교육자 자질을 증진시키는 기회도 될 것입니다.

어린이들이 부정적인 감정을 표출할 때 어른들은 흔히 아이의 관심을 다른 데로 돌리려고 하거나(아이가 슬퍼할 때), 설득하려고 들거나(아이가 두려워할 때), 표현을 못 하게 하거나 벌을 주려고(아이가 화가 났을 때) 합니다. 우리 문화에서는 어른들이 두려움이나 분노, 슬픔에 가득 차 있는 아이의 절박한 욕구를 충족시켜 주고자 하는 일이 거의 없습니다. 즉, "친한 사람들과 함께 집에 있고 싶기 때문에 슬픈 거니?", "너의 의견이 존중되기를 바라기 때문에 화가 난 거니?"와 같은 공감의 반응을 해 주지 않습니다.

어른들이 보이는 공감 반응은 여러 면에서 도움이 됩니다. 먼저, 어린이들이 자기 감정이 이해받고 있음을 알게 되기 때문에 서로 신뢰가 쌓이고 더욱 가까워집니다. 그러면 어른과 어린이의 소통이 향상되고, 어린이가 자신의 감정과 욕구 사이의 관계를 인식할 기회가 생기고, 어른은 어린이가 힘들어하는 상황을 어떻게 극복하도록 도와주어야 할지를 좀 더 분명히 알게 됩니다. 어린이들은 문제를 풀기 위한 도움이나 조언을 원하는 것이 아니라, 단지 어른이 자기 이야기를 들어 주기를 바랄 뿐일 때가 많습니다.

1992년 베오그라드에서 실시된 한 연구 조사에서 우리는 유치원과 학교 교사들에게 세 가지 상황(아이가 와서 친구들과의 갈등에 대해 이야기할 때, 아이가 하라는 일을 하지 않을 때, 아이가 상처를 받아서 화난 행동을 할 때)에서 어떻게 대응하겠는지를 물었습니다. 180명의 교사 중 단 한 명도 공감의 답변을 하지 않았습니다.(16쪽의 표1과 표2 참조)

교사들이 제시한 가장 흔한 반응은 다음과 같습니다.

- 친구들과의 갈등에 대해 이야기한 아이에게는 조언을 해 준다.
- 복종을 거부하는 아이에게는 논리적으로 설명해 준다.
- 분노를 드러내는 아이에게는 그 감정을 부인한다.

무엇보다 우려스러운 사실은 (세 번째 상황처럼) 감정이 강할수록 어른들이 어린이의 감정을 부인할 때가 많다는 점입니다.

표1. 학교 교사—세 가지 상황에 대한 반응

| | 교사의 반응 | 친구와의 갈등 | | 불복종 | | 감정 분출 | |
|---|---|---|---|---|---|---|---|
| | | (명) | (%) | (명) | (%) | (명) | (%) |
| 1 | 요구 | 0 | 0 | 3 | 3 | 6 | 7 |
| 2 | 위협 | 0 | 0 | 3 | 3 | 6 | 7 |
| 3 | 훈계 | 9 | 10 | 24 | 27 | 14 | 15 |
| 4 | 조언하기 | 54 | 60 | 24 | 27 | 10 | 11 |
| 5 | 논리적 설명 | 15 | 17 | 27 | 30 | 0 | 0 |
| 6 | 비난 | 0 | 0 | 3 | 3 | 0 | 0 |
| 7 | 동의하기 | 0 | 0 | 0 | 0 | 3 | 3 |
| 8 | 해석해 주기 | 6 | 7 | 0 | 0 | 6 | 7 |
| 9 | 동정 | 3 | 3 | 2 | 2 | 0 | 0 |
| 10 | 심문 | 3 | 3 | 0 | 0 | 6 | 7 |
| 11 | 감정을 부인하기 | 0 | 0 | 4 | 5 | 39 | 43 |
| | | 90 | 100 | 90 | 100 | 90 | 100 |

표2. 유치원 교사—세 가지 상황에 대한 반응

| | 교사의 반응 | 친구와의 갈등 | | 불복종 | | 감정 분출 | |
|---|---|---|---|---|---|---|---|
| | | (명) | (%) | (명) | (%) | (명) | (%) |
| 1 | 요구 | 3 | 3 | 9 | 10 | 18 | 20 |
| 2 | 위협 | 0 | 0 | 3 | 3 | 0 | 0 |
| 3 | 훈계 | 3 | 3 | 15 | 17 | 0 | 0 |
| 4 | 조언하기 | 36 | 40 | 0 | 0 | 3 | 3 |
| 5 | 논리적 설명 | 0 | 0 | 45 | 50 | 3 | 3 |
| 6 | 비난 | 15 | 17 | 3 | 3 | 6 | 7 |
| 7 | 동의하기 | 0 | 0 | 0 | 0 | 6 | 7 |
| 8 | 해석해 주기 | 12 | 14 | 0 | 0 | 18 | 20 |
| 9 | 동정 | 0 | 0 | 0 | 0 | 0 | 0 |
| 10 | 심문 | 18 | 20 | 3 | 3 | 0 | 0 |
| 11 | 감정을 부인하기 | 3 | 3 | 12 | 14 | 36 | 40 |
| | | 90 | 100 | 90 | 100 | 90 | 100 |

게다가 교육 목표와 교사들이 그 목표의 달성을 위해 사용하는 구체적인 단계들이 상충하고 있습니다. 아이들을 가르칠 때 가장 중요한 교육 목표가 무엇이냐는 질문에 대다수의 교사들이 독립성과 책임감을 꼽았습니다. 그러나 독립성과 책임감을 키워 주기 위한 구

체적 방안에 대해 물었을 때에는 어린이들이 스스로 결정을 내리도록 돕거나 자기 욕구를 자유롭게 표현할 기회를 준다고 답한 교사는 거의 없었습니다. "아이가 책임 있게 행동하기를 바랍니다.", "아이가 먼저 과제를 끝내고 나가서 놀도록 함으로써 책임감을 높여 주고자 노력합니다."와 같은 답변은 독립성이나 책임감을 북돋운다고 볼 수 없습니다. 어린이가 계획하거나 실행해야 할 일을 교사가 대신 책임짐으로써 실제로는 어린이의 자율성을 억압하는 것입니다.

교사들의 대응 방식은 어린이의 독립심과 그 밖의 바람직한 인성을 키우고 북돋운다는 목표와 상충했습니다. 오히려 목표를 달성하기 위해 한 행동들이 반대의 효과를 내고 있었습니다. 더욱이, 대부분의 경우에 교사들도 그 사실을 알고 있었습니다! 다만 적절하게 대응하는 방법을 알지 못했던 것입니다.

그래서 우리는 교사 교육 프로그램을 만들 때 주요 목표를 교사에게 노하우를 제공하는 것으로 잡았습니다. 우리는 교사들이 자신의 교육 방법을 되돌아보고, 달성하려는 목표를 구체적으로 정하고, 단계를 설정하고 교육적 개입의 효과를 살펴보도록 하는 한편, 경험과 연습을 쌓고 교육 목표(어린이들이 자신과 타인을 존중하고 독립적으로 책임 있게 행동하며 창의적이 되도록 돕는다) 달성에 적절한 방법을 습득할 수 있는 교육 활동들을 선택했습니다.

사전 교육을 받지 않은 상태에서 어린이들을 데리고 이 프로그램을 진행해 보고자 하는 분들은 어린이들의 바람직한 품성을 자극하고 계발하기 위한 이러한 활동 경험이나 노하우를 얻지 못할 가능성이 큽니다.

이 프로그램을 진행하려는 분들은 5~10세 아동의 심리적 특성을 알고 있어야 하며, 다음과 같은 능력도 갖추어야 합니다.

- 성급하게 판단, 판정, 분석, 비판, 충고를 하지 않고 공감으로 듣는다.
- 신나게 노는 분위기를 즐긴다.
- 열린 자세로 소통하고 예상치 못한 일들이 일어날 것을 기대한다.
- 아이들에게 지시를 내리는 것이 아니라 아이들을 자극하고 동기를 부여하는 방식으로 개입한다.

아동 교육에서 가장 중요한 과제는 어린이들이 긍정적 자아상을 확립하고, 자신감과 독립심을 키우고, 타인과 주고받음으로써 풍부한 체험을 하도록 돕는 것입니다.

## ● 이론적 배경

이 프로그램의 이론적 기반은 비고츠키의 발달 이론과 마셜 B. 로젠버그의 비폭력대화 모델을 바탕으로 인간 발달의 본성에 맞추어 상호작용주의와 구성주의적 접근법을 조합한 것입니다.

다음은 이 프로그램에 중요한 요소들입니다.

**1** 세상과 자기 자신에 대한 어린이의 경험은 어른에 의해 달라집니다.

따라서 이 프로그램은 어른들이 다음과 같이 진행할 때 최선의 효과를 볼 수 있습니다.

• 어른들은 어린이가 자기 경험이나 느낌을 나눌 때 어린이가 이해하고 수용할 수 있는 환경을 만듭니다.

**2** 어린이를 더 높은 발달 단계로 이끌어 주는, 그 아이에게 적절한 자극을 제공합니다.

그러나 그 연령대의 어린이가 감당하기 어려운 경험은 하지 않도록 보호합니다.

• 어른들은 어린이가 자신과 세상을 탐색하고 배우기 위해서 하는 모든 자발적·즉흥적 시도를 장려하고, 그것이 아이에게 즐겁고 긍정적인 경험이 될 수 있도록 하는 데 힘씁니다.

어린이의 발달 단계에 적합한 개입은 아동 발달에서 핵심적인 요소입니다. 어린이의 심리 발달을 촉진하기 위해 노력하는 사람들이 할 일은 '배아 상태'에 있는 어린이의 정신 작용에 도움을 주는 것입니다. 그러한 정신 작용은 어른과 어린이의 심리적 상호작용을 통해 향상될 수 있습니다.

**3** 어른들은 직접적으로 개입하는 것과 아이들이 스스로 발달하도록 돕는 것의 섬세한 차이를 구별할 줄 알아야 합니다.

그러면 어떻게 개입해야 하는가라는 질문에 대한 마법의 열쇠는 "너는 지금 ……을 원하기 때문에 ~하게 느끼는 거니?"라는 공감적 질문의 형식을 통해 연민의 마음으로 접근하는 것입니다.

이렇게 연민으로 접근하는 방법에 관심 있는 독자 분께서는 마셜 B. 로젠버그 박사가 쓴 비폭력대화에 관한 책들을 보면 더 자세한 내용을 알 수 있습니다.(www.krnvc.org)

**4** 어린이들은 상호작용의 적극적인 참여자입니다.

- 어린이들은 자신의 발달 단계와 능력에 맞는 요소들을 스스로 도입하고 선택하고 적절하게 재배열하고 보유합니다.
- 어린이가 폭 넓은 경험을 하면서 수집한 것들을 자기만의 고유한 방식으로 내면에서 구성하고 조직하면서 어린이의 심리 세계는 독립적·개인적인 상징적 활동을 하게 되고, 그 결과로 외면에서 내면으로, 상호작용에서 내면의 심리 세계로 다가가게 됩니다.

**5** 아동 발달은 심리적 기능의 변화뿐 아니라 심리적 기능들 간의 상호 관계 즉, 그 구성이 변화하는 것입니다.

- 발달적 변화는 심리적 기능 각각의 변화와 더불어, 기능들 사이의 상호 관계가 변화하고 심리 체계 안에 있는 특정한 심리적 기능의 지위와 역할이 변하는 것을 말합니다.
- 심리적 기능들은 다양한 패턴으로 통합될 수 있는데, 이때 중요한 역할을 하는 것이 바로 메타인지(meta-cognition)입니다. 메타인지란 자신의 심리적 기능들이 작용하는 방식을 스스로 고찰해 보고 이를 의도적으로 통제하는 것입니다.
- 메타인지는 사회적 상호작용에 근거를 두고 있습니다. 상징 놀이는 내면화(외면에서 내면으로의 전환) 과정에서 중요한 역할을 합니다. 놀이의 맥락은 여러 층으로 되어 있는 어린이의 내면세계를 활성화하고 더 큰 자유를 제공함으로써 새로운 패턴이 출현할 가능성을 높여 줍니다.

## ● 접근 원칙

▶ '정답'을 제시하지 않으며, 어린이들에게 정답을 요구하지 않습니다. 이 프로그램의 핵심은 결과가 아닌 발견하는 과정, 배움에 있습니다. 놀이를 통해 학습이 이루어집니다.

▶ 그 과정에서 어른과 어린이가 동등하게 적극적인 역할을 합니다. 이는 물론 어린이들이 어른들만큼 알고 있어야 한다는 의미는 아닙니다. 어린이와 어른의 관계는 비대칭적이라는 특징이 있습니다. 어른들은 자신과 세상 그리고 어린이들에 대해 훨씬 더 많이 알고 있습니다. 그러나 어린이 각자에게 필요하고도 시의적절한 자극을 제공할 수 있으려면 어른은 특별한 주의력과 감수성으로 듣는 법을 알고 있어야 하고, 열린 태도로 어린이들이 전하려 하는 것을 이해하고 그것에 중요성을 부여하는 법을 배워야 합니다.

▶ 어린이들이 어른들뿐 아니라 또래와도 경험을 나누려는 욕구를 느낄 수 있도록 활동을 조직합니다.

▶ 어른은 어린이들에게 근접발달영역 안에서 방향을 제시하되 아무것도 강요하지 않으며, 대칭적 지위와 비대칭적인 지위, 지지와 자극 사이에서 유연하게 움직입니다.

▶ 긍정적으로 보는 태도를 가집니다. 모든 어린이 안에 있는 소중하고 고유한 것에 관심을 기울이고 그것을 말로 표현해 주며, 막연한 칭찬("참 잘했어요.")이 아닌 구체적인 표현 ("네가 ⋯⋯을 ⋯⋯하게 한 것이 좋았어.")으로 된 칭찬을 합니다.

▶ 판단이나 비판을 하지 않고, 신뢰와 포용의 분위기를 만듭니다.

▶ 어린이들의 감정적 태도에 민감하게 반응합니다. 어린이들은 자신의 감정을 이해받고 모든 느낌을 자유롭게 표현할 수 있는 환경에서 안전함을 느낍니다.

▶ 부정적인 감정의 표현을 존중합니다. 어린이들에게 두려움, 화, 좌절감 등의 감정을 표현할 시간을 주고, 질문으로 그러한 감정의 표출을 방해하지 않고, ("울지 마, 아무것도 아니야." 등의 말로) 중단시키지 않습니다. 어린이들이 자신이 느끼는 감정과 그 이유를 구분하도록 합니다. 다음과 같은 말이 도움이 됩니다. "친구를 원하기 때문에 슬픈 거니?" "네가 하고 싶은 일을 직접 선택하고 싶기 때문에 화가 난 거니?" 어린이들이 자신이나 다른 사람에게 상처를 주지 않고 건설적으로 에너지를 쓰도록 지지하고 격려합니다.

▶ 어린이들이 어려움을 극복하면 어른은 감사와 기쁨을 표현합니다. 어른들은 어린이들이 자신이 얻은 성과를 즐기고 스스로를 대견하고 만족스럽게 여길 때 그것을 표현하는 법을 가르쳐 줍니다.

▶ 언제나 어른의 행동이 본보기가 되어 어린이들의 행동에 영향을 끼친다는 점을 명심합니다. 어린이들은 어른들을 보고 그 행동을 모방하면서 자신의 행동을 형성합니다.

▶ 어른들은 차분하게 행동하고, 공격적이지 않고, 완전한 이해의 태도를 보임으로써 관용과 이해, 협력을 증진합니다.

▶ 개개인의 고유성을 지지하고, 우리들 한 사람 한 사람이 모두 특별하고 고유하며, 그 차이가 우리 삶을 더욱 풍요롭게 한다는 사실을 강조합니다. 교육에서 가장 중요한 과제는 어린이들이 자존감을 키우고 자신감을 가지게 하는 것, 다른 사람들과 주고받는 상호작용을 통해 삶이 더욱 풍요로워진다는 사실을 깨닫도록 돕는 것입니다.

이 프로그램의 핵심은 상징적인 표현(그리기, 무언극, 상징 놀이, 연극 놀이)을 하는 활동과 돌아가면서 이야기하는 방식으로 경험을 공유하는 데 있습니다. 이러한 방식으로 어린이들은 자신의 내적 경험을 자각할 수 있게 됩니다. 이완 운동과 몸동작 게임은 어린이들이 긴장을 풀고 그룹 안에서 좋은 분위기를 형성하는 데 도움이 됩니다.

## ● 워크숍 진행자들이 알아야 할 주요 사항

**1.** 어린이들이 편안하게 느끼도록 기분 좋은 분위기를 만듭니다.

**2.** 목소리를 높이지 않습니다. 시작하면서 "조용히!" 또는 "집중!" 신호에 대해 어린이들과 합의를 합니다.(신호는 그림으로 할 수도 있고 소리로 할 수도 있습니다. 마음에서 우러나와 미소를 띠고 하는 것이면 어떤 신호라도 상관없습니다.)

**3.** 어린이들에게 몇 가지 규칙에 대해 설명합니다.

- 둥글게 둘러앉습니다. 그러면 서로 얼굴을 볼 수 있고, 다른 사람의 말을 귀 기울여 들을 수 있고, 서로에게서 배울 수 있습니다.(어린이들이 그림 그리기나 역할극 등의 활동을 할 때에는 자유롭게 돌아다닐 수 있습니다.)
- 돌아가면서 차례로 이야기를 하거나 행동을 합니다.
- 다른 사람들을 바라보고, 귀를 기울이는 것이 중요합니다. 그럼으로써 많은 것을 배우고, 서로 비슷한 점과 다른 점을 알게 될 것이기 때문입니다.
- 정답은 없습니다. 어린이들이 느끼고 생각하는 것을 솔직하게 말하는 것이 중요합니다.

  **참고** 특정 활동에서 자신이 얼마나 '잘' 했는지를 알고 싶어 하고, 어른들이 무엇을 기대하는지를 알아맞히려고 한다는 문제가 있을 수 있습니다. 진정으로 자신에게서 우러나오는 것이면 무엇이든 좋다는 점을 강조해야 합니다.

- 무슨 말을 해야 할지 또는 무엇을 해야 할지 모를 때에는 "통과!"라고 말할 수 있습니다.

  **참고** 거부 의사를 존중해야 하지만 언제 누가 나누기를 거부하는지 눈여겨보아야 합니다. 침묵하는 내성적인 어린이들에게 주의를 기울이되, 말을 하라고 강요하지 않습니다. 돌아가면서 이야기할 때 이 어린이들은 가끔씩 '통과'해도 괜찮습니다. 활동을 방해하는 어린이들이 있으면 친절하게 규칙을 다시 알려 줍니다. "그것도 흥미롭구나. 하지만 네 차례가 될 때까지 기다려 줄래?" 그것이 효과가 없을 때에는 "누군가 방해를 할 때 어떤 느낌이 드는지" 그리고 "우리가 다른 사람들에게 귀 기울이지 못하도록 방해하는 이유가 무엇인지"에 대해 돌아가면서 이야기를 합니다.

4. 참가자들 전체가 참여를 거부할 때에는 문제가 무엇인지 확인하고, 스크립트를 조정한 다음, 어린이들이 흥미를 느끼는 게임을 합니다.

5. 워크숍은 두 명(워크숍 진행자, 도우미)이 지도하는 것이 가장 좋습니다. 워크숍 진행자는 스크립트를 따라 진행하고 그룹 내의 상호작용을 촉진하며, 도우미(어시스턴트)는 처음부터 마칠 때까지 어린이들이 한 말을 모두 기록합니다(예: 돌아가면서 이름과 자신이 좋아하는 것을 말하기: 연아—수영을 좋아한다, 수민—먹는 것을 좋아한다 등).
   이렇게 기록한 보고서에는 다음과 같은 정보가 포함되어야 합니다.
   • 시간, 장소, 참가자
   • 진행자 이름
   • 워크숍에서 한 모든 활동을 순서대로 적고, 그에 대한 아이들 반응을 모두 기록합니다.

6. 어린이의 수는 10~15명이 가장 좋습니다. 최대 20명의 어린이들과도 할 수 있으나, 아이들의 집중력이 떨어지고 자기 이야기나 경험을 공유하고자 하는 동기가 줄어들 수 있습니다. 어떤 아이들은 자기 차례가 올 때까지 기다리지 못하거나, 그렇게 많은 사람들이 이야기하는 내용에 집중하지 못할 수도 있습니다. 그룹이 클 때에는 두 그룹으로 나누어 좀 더 집중할 수 있게 하는 것이 좋습니다.

7. 워크숍의 주기: 1주에 1~2번이 적정합니다. 그러면 진행자는 충분한 시간을 가지고 각 어린이에 대한 인상을 정리할 수 있고, 어린이들은 서로의 경험을 나누면서 얻은 경험을 바탕으로 자발적인 상징 놀이를 통해 더 발전해 갈 수 있습니다.

8. 각 워크숍은 1시간 정도 합니다. 물론, 참가자 수와 어린이들의 참여 수준에 따라 달라질 수 있습니다.

9. 각 워크숍이 끝나면 워크숍 진행자들은 어린이들과 함께 해당 워크숍에 대한 상징·그림을 만들어서 게시판에 붙입니다. 그것은 어린이들의 이전 활동들을 상기시켜 주는 역할을 할 것입니다.

## ● 그 밖의 알아 두어야 할 사항

이 프로그램은 5~10세 어린이들을 위해 기획되었습니다. 따라서 초등학생들에게는 적용할 수 있지만, 5세 이하 어린이가 하기에는 버거운 것도 많이 있습니다. 아이들 반응에 따라 스크립트를 일부 수정해야 할 수도 있습니다(이 프로그램의 기본 원칙은 어른이 아이들의 이해 수준에 맞추는 것입니다). 하지만 그렇게 할 때에는 워크숍의 순서와 각 워크숍 내에서의 활동 순서가 흐트러지지 않도록 해야 합니다. 각 워크숍은 다음과 같은 순서를 따라야 합니다. 먼저 문제(갈등, 불쾌한 감정 상태 등) 분석으로 이끄는 활동을 한 다음, 건설적인 방법으로 그러한 상태에서 벗어나도록 돕는 활동을 합니다. 어떠한 이유로도 어린이들이 괴로움에서 벗어나는 방법을 배우지 못한 채로 워크숍이 끝나서는 안 됩니다. 순서대로 워크숍을 진행하면 아이들이 서서히 불쾌하고 고통스러운 주제에 직면할 수 있고, 끝날 무렵엔 긍정적인 감정과 감사에 초점을 맞추게 됩니다.

어린이들이 안고 있는 고통, 힘겨운 경험, 심각한 문제들을 다루면서 교사가 충격을 받고 상심하게 될 수 있습니다. 그럴 때에는 주저 없이 동료 진행자나 담당 교사와 의논하고 조언을 구해야 합니다.

# 스마일 키퍼스

NVC에 기초한 자기 인식 및
사회적 인식 계발 프로그램

# 어린이, 부모, 진행자가 서로 소개하는 시간

**워크숍 개요**

1. 워크숍의 **기본 특징** 소개

2. 부모들이 각자 이름과 함께 자기 자신에 대해 좋아하는 점 한 가지씩을 말한다.

3. 어린이들이 각자 이름과 함께 자기 자신에 대해 좋아하는 점 한 가지씩을 말한다.

4. 부모들이 학창 시절의 좋았던 기억, 싫었던 기억에 대해 말한다.

5. 아이들이 학교생활에서 좋은 점, 싫은 점에 대해 말한다.

6. 어떻게 하면 학교가 더 즐거운 곳이 될 수 있을지 아이들이 제안한다.

7. 스마일 키퍼스 프로그램에 대한 간단한 소개

8. 프로그램에 대한 질문

**9. 스트레칭 게임**

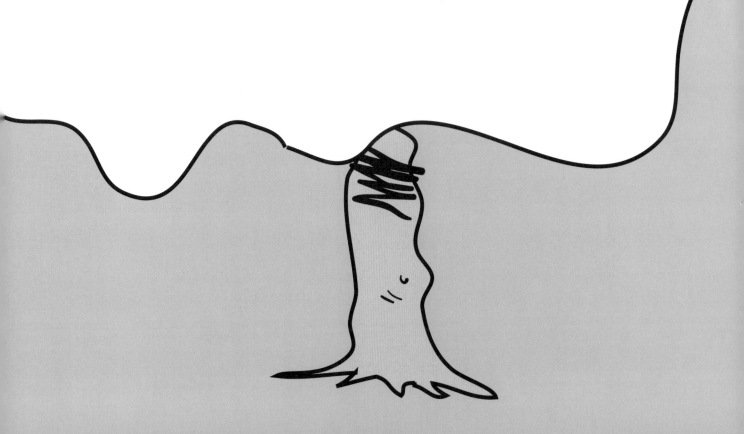

이 시나리오는 하나의 제안일 뿐이다. 워크숍 진행자가 원하는 방식대로 이 모임을 기획할 수 있다. 단, 어린이들과 부모들이 이 프로그램이 무엇인지, 어떻게 진행될 것인지 아는 게 중요하다.

1. 진행자가 어린이들과 부모들에게 각각 반원을 만들어 마주 보고 앉아 달라고 요청한다. 환영 인사를 한 후, 진행자는 워크숍의 **기본 특징**(경험과 감정을 공유하는 즐겁고 재미있는 활동을 통해 배운다는 것, 둘러앉아 차례로 이야기를 나누면서 자신과 다른 사람들에 대해 알게 된다는 것 등)을 간략히 설명한다.

2. 진행자가 부모들에게 돌아가면서 각자의 이름과 자기 자신에 대해 좋아하는 점 한 가지를 말해 달라고 요청한다.(부모들이 선뜻 이야기하려 하지 않으면 다음과 같은 말로 격려한다. "자기 성품을 알고 그에 대해 편하게 이야기하는 일은 우리 모두에게 중요합니다.") **부모들이 돌아가면서 이야기한다.**

3. 진행자가 아이들에게 각자의 이름과 자기 자신에 대해 좋아하는 점 한 가지를 말해 달라고 요청한다. **아이들이 돌아가면서 이야기한다.**

4. 진행자가 부모들에게 초등학생 시절을 떠올려 보고 그때 좋았던 점, 싫었던 점에 대해 이야기해 달라고 요청한다. **부모들이 돌아가면서 이야기한다.**

5. 진행자가 아이들에게 학교생활에서 좋은 점, 싫은 점에 대해 이야기해 달라고 요청한다. **아이들이 돌아가면서 이야기한다.**

6. 진행자가 아이들에게 학교생활을 더 즐겁게 만들 수 있는 방법을 제안해 보라고 요청한
   다.(**원하는 아이들이 이야기한다.**)

7. 진행자가 스마일 키퍼스 프로그램에 대해 간략하게 설명한다.

8. 진행자가 부모와 아이들에게 프로그램에 대한 질문을 해 달라고 요청한다.

## 9. 스트레칭 게임

모든 참가자(부모와 아이들)가 일어나, 손을 위아래로 움직일 때 옆 사람과 부딪치지 않을 정도의 간격을 두고 선다. 손으로 발을 잡는다.(손이 발에 닿지 않으면 최대한 굽혀서 다리를 잡는다.) 진행자가 천천히 1부터 10까지 세는 동안, 참가자들은 손을 조금씩 올려서 10일 때 손이 머리 위에 오도록 한다. 참가자들은 진행자가 각 숫자를 말할 때 손이 몸의 어디에 있었는지 기억해 둔다. 그런 다음, 게임을 시작한다. 진행자가 한 숫자를 부르면, 참가자들은 그 숫자에 맞는 곳으로 손을 옮긴다.

# 자기 인식(1)

## 워크숍 개요

1. **돌아가면서 이름 말하기:** 손뼉을 치고 이름을 말한다.

2. 자기 이름이 마음에 드나요?

3. 어떤 이름을 가지고 싶나요? 그 이유는?

4. **좋아하는 일 말하기**

5. **자화상 그리기**

6. **돌아가면서 이야기하기:** 자기가 그린 그림을 보여 주고 설명한다.

## 워크숍 목표

- 자기 자신에 대해 알기: 자신의 특징, 남과 다른 점과 비슷한 점을 파악한다.

- 상상력을 키운다.

- 자기 생각과 느낌을 다른 사람들과 나눈다.

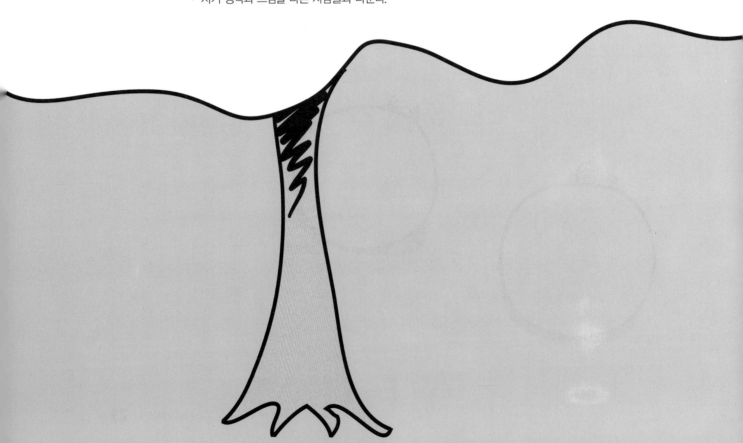

## 1. 돌아가면서 이름 말하기

차례로 돌아가면서 손뼉을 치고 이름을 말하세요.

## 2. 자기 이름이 마음에 드나요?

자기 이름이 마음에 들면 무릎을 치고, 마음에 들지 않으면 손가락을 흔드세요.

## 3. 만약 이름을 고를 수 있다면 어떤 이름을 가지고 싶나요? 이유는 무엇입니까?

## 4. 자기가 좋아하는 일에 대해 말하세요.("나는 ……하기를 좋아합니다.")

## 5. 종이(A4 용지)에 자화상을 그려 보세요.

누구를 그린 그림인지 알아볼 수 있도록 그려야 합니다. 머리 위에 구름 모양을 하나 그리고(만화의 말풍선을 상기시킨다) 그 안에 오늘 내 마음이 어땠는지, 지금 기분이 어떤지를 색깔로 표현해 보세요. 나의 느낌에 어울리는 색을 선택하세요. 오늘 아침부터 지금까지 기분이 여러 번 변했으면 여러 가지 색으로 표시해도 됩니다. 이 활동이 모두 끝나면 6번으로 넘어간다.

## 6. 돌아가면서 이야기하기

각자 그린 것을 보여 주고 설명해 주세요. 진행자는 그림을 평가하지 않으면서 아이들 각각을 칭찬해 준다. 예를 들자면 이렇게 말할 수 있다.

"그 그림은 너한테 정말 중요한 것이 무엇인지를 잘 보여 주는구나."

"모든 그림이 서로 다르면서도 독특하게 아름다워요."

# 자기 인식(2)

## 워크숍 개요

1. **변신 게임:** 돌아가면서 이야기하기
2. **자신이 할 수 있는 일, 그 일을 할 때 만족스러운 점은 무엇입니까?** 돌아가면서 이야기하기
3. **자신의 어떤 점이 좋습니까?** 돌아가면서 이야기하기
4. **나만의 배지(badge) 만들기**
5. **다른 사람들에게 배지 보여 주기**

## 워크숍 목표

- 자기 자신에 대해 알기: 자신의 특징, 남과 다른 점과 비슷한 점을 파악한다.
- 상상력을 키운다.
- 자기 생각과 느낌을 다른 사람과 나눈다.

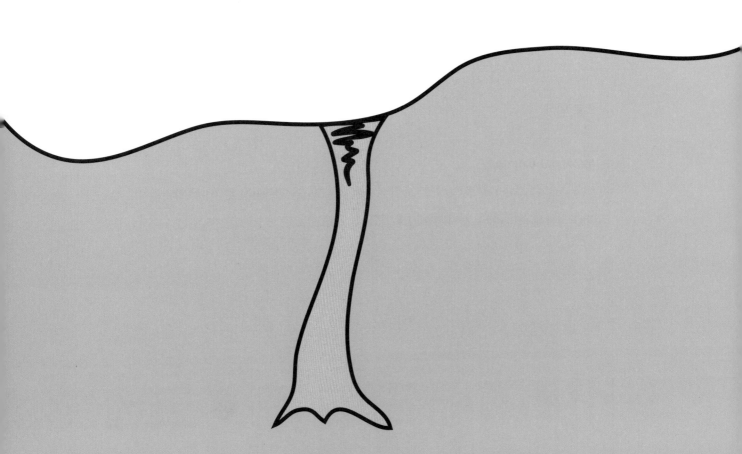

### 1. 변신 게임

만약 동물이 될 수 있다면 어떤 동물이 되고 싶은가요? (잠깐 말을 멈춘다.) 왜 그 동물을 선택했나요? 그 동물의 어떤 점이 좋아요? (잠깐 말을 멈춘다.)

**돌아가면서 이야기하기** "나는 …… 때문에 ……가 되고 싶어요."

### 2. 여러분이 할 수 있는 일을 말해 보세요. (예: 농담, 축구, ……) 그 일을 할 때 마음에 드는 나만의 방식이 있나요?

자신의 칭찬할 만한 점에 대해 돌아가면서 이야기한다.

### 3. 자신의 어떤 점을 좋아합니까?

**돌아가면서 이야기하기** "나는 나의 (이러저러한) 점이 마음에 듭니다."

### 4. 나만의 배지(badge)를 만들어 보세요.

그 안에는 자기 이름과 특징을 보여 주는 것이 들어갑니다. 나만의 사인(sign)이나 그림, 모양 등을 그려 넣어 보세요. (아이들이 이용 가능한 모든 재료와 색깔을 자기 나름대로 쓰면서 자기만의 모양과 크기, 색깔, 상징을 찾도록 격려한다.) (옷핀이나 테이프로 배지를 단다.)

### 5. 배지를 달고 방을 돌아다녀 보세요.

자기만의 방식으로 다른 사람들에게 자신을 소개하고, 다른 사람들의 배지를 구경한다.

# 시간 여행(자기 연속성)

**워크숍 개요**

1. **돌아가면서 이름 말하기:** 조용히 말하기와 크게 말하기를 번갈아 한다.
2. **시간 여행**
3. **자기 삶을 만화로 그리기**
4. **즐거운 추억 몸으로 표현하기**
5. **신뢰 게임:** 짝 지어 걷기

**워크숍 목표**

- 자신의 특징, 남과 다른 점과 비슷한 점에 대해 안다.
- 삶에서 중요한 순간(즐거운 때와 불쾌한 때)을 알아차린다.
- 행복한 기억을 되살린다.
- 자신과 다른 사람들에 대해 긍정적인 감정과 태도를 가진다.

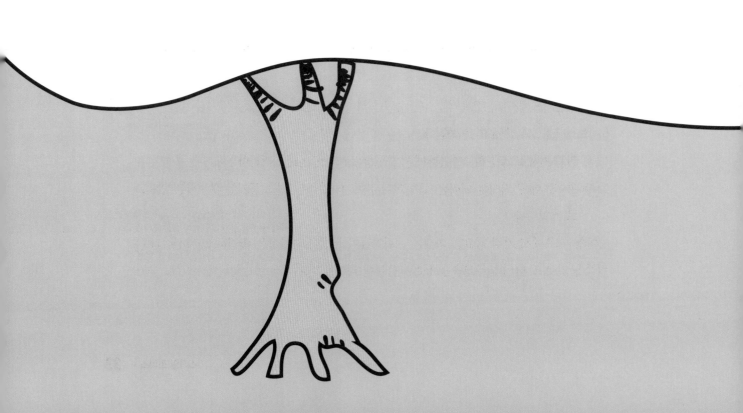

## 1. 돌아가면서 이름 말하기

한 사람이 조용히 말하면 다음 사람은 큰 소리로, 번갈아 가면서 이름을 말한다.

## 2. 시간 여행

타임머신에 타세요. (타임머신은 시간 여행을 할 수 있는 특별한 장치라고 설명한다.) 상상의 여행을 떠날 준비를 하세요. 이 활동이 끝날 때까지 눈을 감을 거예요. 눈을 감으세요! 시간을 거슬러 가는 여행을 하면서 카메라로 사진을 찍는다고 상상해 보세요. 자, 이제 우리는 과거로 갑니다. (진행자는 아이들이 충분히 회상할 수 있도록 천천히 말하고, 중간 중간 자주 말을 멈춘다.)

태어나서부터 지금까지 일어났던 일들을 생각해 보세요. 내가 겪은 여러 가지 일들, 기분 좋았던 때, 좋지 않았던 때, 특별히 행복했던 때, 울었던 때 등을 떠올려 봅시다. 사진을 여러 장 찍어야 해요. 그때 함께 있었던 사람들도 사진 안에 넣을 수 있습니다. (몇 분 후) 이제 눈을 뜨세요.

## 3. 자기 삶을 만화로 그리기

자기 경험들을 그림으로 그립니다. 만화책을 만드는 것처럼 그림을 여러 장 그리세요. 예를 들면, 돌잔치 장면을 첫 그림으로 그릴 수 있겠지요. 누가 있었는지, 어디에 있었는지 등도 그려 넣습니다. 두 번째 그림은 또 다른 일을 보여 줄 수 있지요. 예컨대, 울었던 일, …… 그다음 그림에는 행복했던 일을 그리면 좋겠지요. (참가자들에게 12cm×60cm 크기의 종이테이프를 주고 만화 그리는 법을 보여 준다.) 그림 그리기가 끝나면 행복했던 때의 그림에 빨간 동그라미를 칩니다. 슬펐던 때의 그림(그런 그림을 그렸다면)에는 파란 동그라미를 칩니다.

**돌아가면서 이야기하기** 모든 참가자들이 자기 그림을 보여 주고 그에 대해 이야기한다.

### 4. 즐거운 추억 몸으로 표현하기

우리는 즐겁다는 것이 어떤 느낌인지를 종종 잊어버립니다. 이제 우리가 행복했을 때 어떤 느낌이었는지를 기억해 봅시다. 제가 여러분에게 이 신호(예: 손뼉)를 보내면 여기에 앉아 있는 사람들(아이들 절반 정도, 정확히 누구부터 누구까지인지를 정해 준다)은 모두 일어나서 즐거움을 몸으로 표현해 보세요. 얼굴과 몸짓으로 기쁨을 나타내는 겁니다. 제가 손뼉을 다시 칠 때까지 이 사진처럼 ('얼어붙은' 자세의 사진을 보여 준다) 그 자세로 가만히 있는 거예요. 움직이면 안 됩니다. 나머지 사람들은 관객입니다. 그런 다음, 이제 역할을 바꾸어서 관객이었던 사람들이 기쁨을 몸으로 표현합니다. (10~ 15초간 자세를 취하게 한 다음, 나머지 절반이 이를 반복한다.)

### 5. 둘씩 짝을 지어 걷는 신뢰 게임

몸을 좀 풀어 봅시다! 오랫동안 앉아 있었으니 몸을 좀 움직여 줄 필요가 있어요. 그런데 이렇게 하면 더 재미있을 것 같아요. A와 B가 짝을 지으세요. 그런 다음 A가 눈을 감고, B는 A의 어깨에 손을 얹은 다음 A를 데리고 방 안 여기저기를 돌아다닙니다. B가 원하는 대로 갈 수 있지만 말을 해서는 안 됩니다. A가 즐겁고 재미있게 걸을 수 있도록 노력해 보세요. (다른 사람이나 물건에 부딪히지 않도록 조심한다.) 말을 하지 마세요. 더 재미있을 거예요. 말은 손으로 하세요. 약 3분 정도 지난 다음에 제가 신호를 보내면 역할을 바꿉니다.

**참고** 말하지 않고 어떻게 데리고 다니느냐고 질문하면 이렇게 답한다.

"직진, 왼쪽, 오른쪽, 멈춤 등을 손으로 표현하는 방법을 생각해 보세요."

**돌아가면서 이야기하기** 두 역할을 하면서 느낀 점은? 어느 역할이 더 즐거웠나? 모든 참가자가 둘러앉아서 자기가 어디에 있는지 알고 있었는지, 길을 인도하는 짝꿍을 신뢰하고 있었는지 등에 대해 이야기한다.

WORKSHOP

## 05

# 나의 쉼터

### 워크숍 개요

1. **상상의 길 걷기**

2. **이완 연습 및 진행자가 인도하는 상상 여행**

3. **나의 쉼터 그리기:** 돌아가면서 이야기하기

4. **신뢰 게임:** 몸 흔들기

### 워크숍 목표

- 긴장 푸는 법을 배운다.

- 상상력을 발휘해서 긴장을 풀고 편히 쉴 수 있는 장소를 만들어 본다.

- 자기 이야기를 다른 사람과 나누고, 상호 신뢰를 경험해 본다.

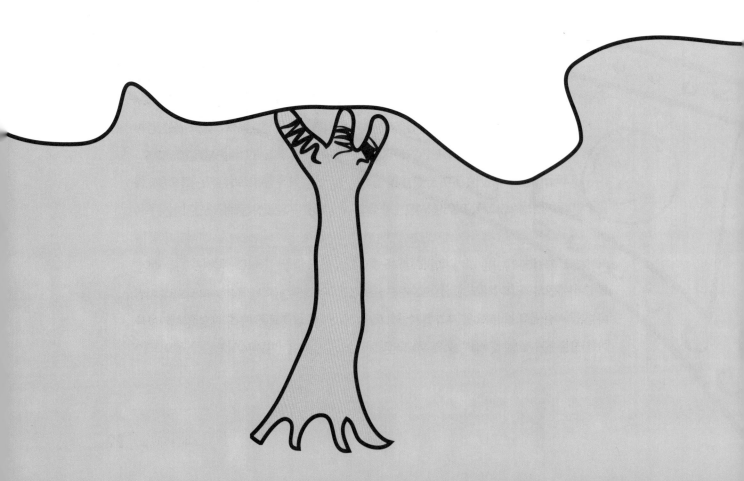

## 1. 상상의 길 걷기

접착제가 칠해진 마루 위를 걷는다고 상상해 보세요. 아니면, 한 바위에서 다른 바위로 건너뛴다고 상상해 보세요. 또는 눈길을, 숲속을, 사막을 걷는다고 상상해 봅시다.

## 2. 이완 연습 및 진행자가 인도하는 상상 여행

걷느라 힘이 들었으니까 이제 자리에 앉거나 누우세요. 하지만 잠을 자는 것은 아니에요. 우리는 상상 속에서 계속 걸을 겁니다.

**참고** 이 활동을 하기 전에 아이들에게 눈을 계속 감고 있어야 한다는 것을 알려 주고 이완과 상상 연습을 할 것이라고 설명한다. 활동이 끝나기 전에 눈을 뜨는 아이에게는 미소를 지으며 말없이 지지를 보낸다. 눈을 뜨는 것은 괜찮지만 조용히 있어야 한다. 모든 참가자가 눈을 감은 채로 바닥에 눕거나 편한 자세로 앉는다. 아이들이 충분히 느낄 수 있도록 진행자는 천천히, 사이를 자주 두면서 말한다.

**a. 이완** 숨을 편안하게 쉬고, 손과 다리의 긴장을 풀고, 머리와 목의 긴장이 풀리는 것을 느끼면서 천천히 가장 편한 자세를 찾아보세요. 눈은 감으세요. 제가 상상의 여행으로 여러분을 안내할 겁니다. 이제 두 번, 아주 깊이 숨을 쉬세요. 좋습니다. 제가 말을 하는 동안 여러분은 눈을 감은 채로 굉장히 아름다운 장소로 가고 있다고 상상합니다. (잠시 말을 멈춘다.)

**b. 진행자가 인도하는 상상 여행** 시골에 와 있다고 상상해 보세요. 부드럽고 기분 좋은 땅 위를 천천히 지나갑니다. 걸어도 되고 뛰어도 되고 뒹굴어도 되고…… 마음대로 움직여 보세요. 눈은 계속 감고요. (잠시 말을 멈춘다.) 이제 여러분 각자가 아는, 자기가 기분 좋아지는 곳으로 가세요. 꿈에서 본 곳이든, 이전에 가 본 곳이든, 천천히 그곳으로 가기 시작합니다. 거기서 들리는 소리를 들어 보세요. 내가 좋아하는 소리가 다 들려요. 바람 소리, 빗소리, 새소리, 물소리, …… 모두가 나를 즐겁게 하는 소리들입니다. (잠시 말을 멈춘

다.) 색깔과 빛을 보세요. 즐거운 색들입니다. 이 색들을 보니 몸이 아주 편해집니다. 몸을 움직이니 가벼운 바람이 얼굴과 손, 온몸을 부드럽게 쓰다듬으며 지나갑니다. 다른 것들도 몸에 닿는 것이 느껴집니다. 비, 눈, 햇빛같이 나를 기쁘게 해 주는 것들입니다. (잠시 말을 멈춘다.) 이제 흙냄새, 풀 냄새를 맡아 봅니다. 모든 냄새들이 나를 부드럽게 감싸 줍니다. 그 냄새들이 얼마나 나를 편하게 하는지 느낄 수 있습니다. (잠시 말을 멈춘다.) 계속 천천히 시골길을 따라 걷습니다. 아주 편하게 움직입니다. 모든 것이 아주 기분 좋습니다. (잠시 말을 멈춘다.) 천천히 내가 편하게 쉴 수 있는 장소에 도착합니다. 이곳에서는 여러분을 편안하고 만족스럽게 해 주는 것은 모두 여러분이 원하는 순간에 바로 나타납니다. (잠시 말을 멈춘다.) 여러분을 즐겁게 해 주는 것은 모두 이곳으로 가져오세요. 이곳에서는 여러분이 완벽히 안전하고 편안합니다. 이곳이 여러분 각자의 쉼터입니다. (잠시 말을 멈춘다.) 주위를 둘러보면서 내가 어디에 있는지 확인하세요. 무엇이 있고, 누가 있나요? 아는 사람이 있나요? 동물들이 있나요? 어떤 사람이 있나요? 어떤 느낌이 드나요? 색깔…… 빛…… 모양…… 소리…… 촉감…… 냄새……, 이 모든 것을 기억해 두세요. (잠시 말을 멈춘다.) 이제 천천히 돌아올 준비를 합니다. 준비가 되어서 눈을 뜨면 이 방으로 돌아와 있을 거예요. 돌아오세요. 원하는 사람은 일어나서 다리와 팔을 뻗어 보세요. 시작하세요. (이완과 상상 여행은 합쳐서 10분 정도 진행한다.)

### 3. 나의 쉼터 그리기

이제 여러분의 쉼터를 그림으로 그려 보세요. 선과 모양, 색깔로 여러분이 어디를 갔고, 어떻게 느꼈고, 무엇을 보고 경험했는지를 표현해 주세요. 얼마나 잘 그리는가는 중요하지 않습니다. 여러분에게 의미가 있다는 것이 중요하지요. (그리기가 끝나면) 그 장소에 이름을 붙여 보세요. (예컨대 '수빈의 바닷가', '민호의 골짜기'처럼 자기가 그린 장소에 스스로 이름을 붙이도록 권장한다.)

**돌아가면서 이야기하기**

- 나의 쉼터는 어디인가?
- 어디에 갔었나? 느낌이 어땠나?
- 어느 순간에 가장 편하게 느꼈나?
- 무엇이 그런 느낌이 들게 했나?
- 그 장소의 이름은 무엇이고, 왜 그런 이름을 붙였나?

## 4. 신뢰 게임 몸 흔들기

3명씩 짝을 짓는다. 두 사람이 얼굴을 마주 보고 서고, 나머지 한 사람은 그 사이에 선다. 마주 보고 선 두 사람이 가운데에 있는 사람을 상대방 쪽으로 번갈아 밀고, 가운데에 있는 사람은 눈을 감은 채 양쪽에 선 두 사람에게 몸을 맡긴다. 밀 때에는 가운데에 선 사람의 어깨를 잡고 부드럽게 민다. 처음에는 서로 아주 가까이 서서 시작했다가, 조금씩 사이를 넓힌다.(단, 부드럽고 안전하게 밀 수 있는 거리를 유지한다.) (5~6분)

# 나의 걱정거리

## 워크숍 개요

1. **돌아가면서 이름 말하기:** 한 사람이 어떤 몸짓을 하면 다른 사람들이 따라 하기
2. **내 근심의 동그라미:** 그림 그리기, 돌아가면서 이야기하기(느낀 점, 제일 큰 걱정거리)
3. 어떻게 하면 기분이 다시 좋아질 수 있을까요? 돌아가면서 이야기하기
4. 여러분의 도우미는 누구입니까? 그 도우미는 무엇을 하나요? 돌아가면서 이야기하기
5. **이완 연습:** 목 돌리기, '내 등에서 떨어져' 운동, 둘러앉아 앞 사람 목과 등 안마하기

## 워크숍 목표

- 적극적인 태도를 북돋운다.
- 상상력과 창의성을 기른다.
- 긴장 푸는 방법을 배운다.

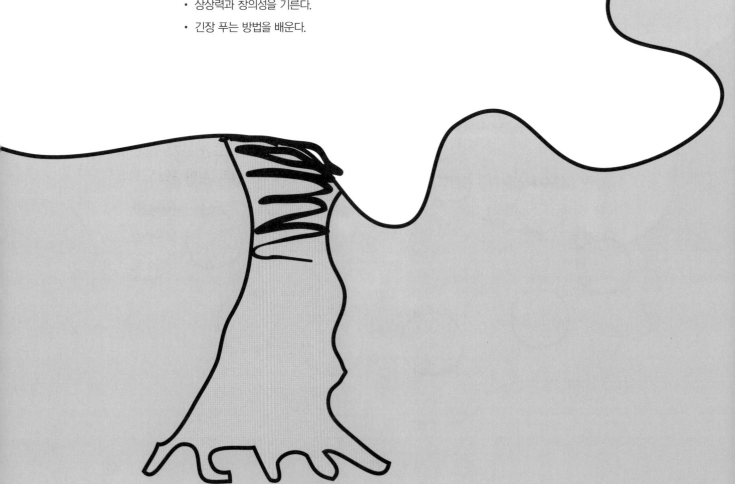

### 1. 돌아가면서 이름 말하기

한 사람이 일어나서 이름을 말한 다음 한 가지 몸동작을 한다.(예: "서연!"이라고 말하고 나서 팔을 번쩍 들어 올리거나 한 발로 뛴다.) 그러면 다른 모든 참가자들이 일어나서 그 동작을 따라 한다.

### 2. 내 근심의 동그라미

큰 동그라미가 이미 그려져 있는 종이(A4)를 나누어 준다. 아이들이 동그라미 안에 자기가 가장 걱정하는 것, 문제라고 생각하는 것을 그린다.

**돌아가면서 이야기하기** 그림 그리면서 느낀 점 말하기

• 그리기가 어려웠나? 어떤 점이 어려웠나?
• 나의 가장 큰 걱정거리는 무엇인가?

### 3. 어떻게 하면 기분이 다시 좋아질 수 있을까?

**돌아가면서 이야기하기**

• 우리를 괴롭히는 걱정거리를 멈추기 위해서 우리는 무엇을 할 수 있을까?
• 어떻게 하면 나의 하루하루를 아름답게 만들 수 있을까?
• 나의 기분이 좋아지게 하기 위해서 할 수 있는 일은 무엇일까?

### 4. 도우미 만들기

하루가 지나도 사라지지 않는 걱정거리는 어떻게 할까요? 그 걱정거리들을 해결해 줄 도우미 만들기가 가능합니다. 도우미를 어떻게 만드는지 궁금하지요? 자, 이렇게 만듭니다. 눈을 감고, 긴장을 풀고, 내 머릿속에서 걱정거리를 깨끗이 싹 지워 주는 것이 있다고 상상해 보세요. 동화책에 나오는 요정일 수도 있고, 요술 지우개 또는 여러분이 상상으로 만든 것일 수도 있습니다. (재미있고 창의적인 해법을 찾아볼 것을 권장한다.) 이제 걱정

거리가 나타날 때마다 이 도우미를 불러내기만 하면 됩니다. 어떻게 불러낼 수 있을지 방법을 생각해 보세요! 상상력을 펼쳐 보세요.

**돌아가면서 이야기하기** 각자의 도우미는 무엇이고, 그 도우미를 어떻게 불러내는가?

## 5. 이완 연습

긴장을 풀어 주는 운동을 몇 가지 하겠습니다.

**첫 번째 운동 목 돌리기**

눈을 감고 목을 왼쪽으로, 뒤로, 오른쪽으로 천천히 돌려서 앞으로 돌아옵니다. 그런 다음, 눈을 감은 채로 반대 방향으로 돌립니다. 머리가 풍선처럼 가볍다고 상상합니다. 이번에는 눈을 뜨고 이 동작을 반복합니다. 이때 눈은 머리가 움직이는 대로 따라갑니다.

**두 번째 운동** 내 등에서 떨어져!

두 발을 나란히 하고 다리를 약간 벌리고 섭니다. 무릎을 편하게 하고 배, 엉덩이, 어깨의 긴장을 풀고, 팔을 자연스럽게 늘어뜨립니다. 고르게 숨을 쉬면서 턱의 긴장을 풉니다. 팔꿈치를 어깨 높이로 들어 올리고 팔을 쭉 뻗은 다음, 빠르고 강하게 뒤로 쳐내면서 "내 등에서 떨어져!"라고 소리칩니다. 이 동작을 몇 차례 반복하면서 목소리로 감정을 표현합니다. (시범을 보인다.)

**마무리 활동** 모두가 둘러서서 각자 앞사람을 안마해 준다.

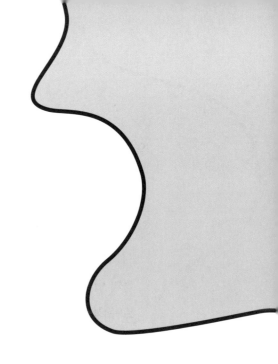

# 느낌 표현하기

**워크숍 개요**

   1. **방 안을 돌아다니면서 느낌 표현하기**

   2. **몸으로 말하기**

   3. **동그라미 안에 느낌 그리기:** 돌아가면서 이야기하기

   4. **동그라미 안이 어떻게 변하나요, 그리고 왜 그렇게 변하나요?** 돌아가면서 이야기하기

   5. **진행자의 설명**

**워크숍 목표**

   • 느낌을 알아차리고 표현하게 한다.

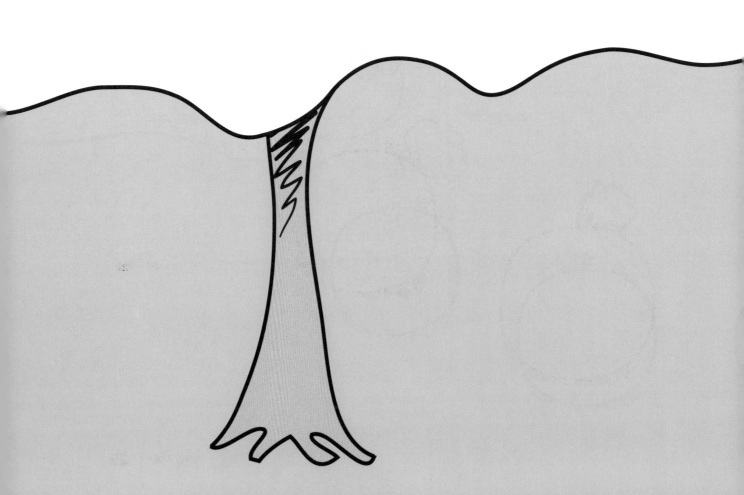

## 1. 방 안을 돌아다니면서 느낌 표현하기

모든 참가자가 일어나 원형으로 선다. 진행자가 이렇게 말한다. 제가 신호를 보내면 여러분은 방 안을 걷기 시작합니다. 자기가 걸어갈 길을 지금 생각해 보세요. 그런 다음, 피곤해졌다고 상상합니다. 여러분은 피곤할 때 어떻게 걷습니까? 자, 이제 시작합니다. 피곤해요. ……(30초) 이제는 화가 난 것처럼 걸어 보세요. ……(30초) 이번에는 겁이 났어요. ……(30초) 슬퍼요. ……(30초) 이제는 재미있는 모양으로 걸어 보세요. ……(30초) 이제는 기쁜 마음으로. ……(30초)

**참고** 몸으로 불안한 신호를 보이는 아이가 있는지 주의해서 본다. 걷는 동안 몸이 계속 뻣뻣하게 굳어 있거나, 주먹을 꽉 쥐고 있거나, 여기저기를 긁거나, 손가락을 빠는 아이들이 있는지 살펴본다.

## 2. 모두 둘러앉은 후에 **몸으로 말하기**

- 피곤할 때 우리 몸은 어떻게 하나요? 몸이 자기가 피곤하다는 것을 어떤 식으로 여러분에게 알려 줍니까?
- 제가 신호를 보내면 그것을 온몸으로 표현해 보세요.
- 이제는 손이 피곤한 것을 손으로 표현해 보세요.
- 이번에는 목소리만으로 피곤한 것을 표현해 보세요.
  (분노, 두려움, 슬픔, 행복의 경험과 연결하여 이 질문들을 반복한다.)

## 3. 동그라미 안에 느낌 그리기

지난 며칠 동안 느낀 나의 모든 느낌이 동그라미 하나 안에 있다고 상상해 보세요. 그 느낌들은 각각 어떤 색으로, 어느 장소에, 어느 정도의 공간을 차지하고 있을까요? 그것을 선과 색깔, 모양을 이용해서 종이에 표현해 보세요. 기쁨이 얼마나 크고 무슨 색깔인지, 두려움, 슬픔, 화, 사랑, 질투는 얼마나 크고 어떤 색인지를요. 느낌마다 다른 색을 사용해 보세요.

**돌아가면서 이야기하기** 각자의 동그라미 안에 어떤 느낌들이 들어 있는가?

**4. 동그라미 안이 어떻게 변하나요?**

느낌은 어떻게 변합니까? 갑자기 변하나요, 아니면 천천히 변하나요? 무엇에 따라 달라지나요? 예를 들면, 아까는 슬펐다가 지금은 행복합니다. 또는 행복하다가, 약간 덜 행복하다가, 슬퍼집니다. ……

**돌아가면서 이야기하기** 느낌은 어떻게 변하고 왜 그렇게 변하는가?

## 5. 진행자의 설명

우리의 느낌은 우리가 원하는 것이나 우리에게 필요한 것이 충족되었는지 아닌지를 보여 주는 신호입니다 . 예컨대, 따뜻한 사랑이 필요할 때 엄마나 아빠가 쓰다듬어 주면 만족감을 느낍니다. 그렇지 않으면 슬퍼집니다.

# 느낌으로 소통하기

**워크숍 개요**

1. 짝을 지어 연습하기: 느낌의 거울

2. 진행자의 설명

3. 등으로 소통하기, 돌아가면서 이야기하기

4. 느낌 추측하기 게임

5. 짝을 지어 하는 신뢰 연습

**워크숍 목표**

- 느낌을 관찰하고 표현하는 것을 돕는다.
- 느낌 나누기를 북돋운다.

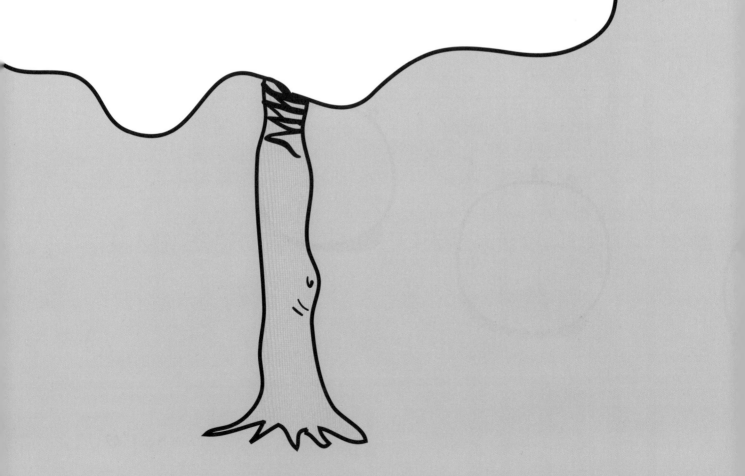

## 1. 짝을 지어 연습하기 느낌의 거울

둘씩 짝을 짓고 A와 B를 정한다. 진행자가 신호를 보내면, A는 얼굴 표정을 바꾸면서 다양한 감정을 표현한다. 그러면 B는 거울이 되어 A의 표정을 동시에 따라 한다. 2~3분 후에 역할을 바꾼다. 얼굴 표정만 바꿔야 한다는 점을 강조한다.

### 돌아가면서 이야기하기

- 두 역할을 해 보면서 어떻게 느꼈고, 무엇이 좋았고, 무엇이 좋지 않았나?
- 느낌을 표현할 때와 그대로 비추어 줄 때 중에 어느 쪽이 더 어려웠나?

## 2. 진행자의 설명

이 연습은 얼굴 근육 운동으로 좋을 뿐 아니라 얼마나 많은 근육이 우리의 느낌을 표현하는 데 관여하는지를 알려 준다. 또 얼굴로 얼마나 많은 표정을 지을 수 있는지, 그리고 그것이 얼마나 풍요로운 것인지를 알아차리는 데에도 도움이 된다.

## 3. 등으로 소통하기

두 사람씩 등 전체가 맞닿도록 앉는다. (시범을 보인다.) 신호를 보내면 A가 B에게 오로지 등으로만 느낌을 전달한다. 전달이 끝나면 A는 "끝!"이라고 말한다. 네 가지 감정(기쁘다, 슬프다, 화난다, 두렵다) 중에서 선택하라고 할 수도 있다. A가 끝나면 B와 역할을 바꾼다. A와 B 모두 최소한 네 가지의 다른 느낌을 표현해 보는 것이 좋다.

### 돌아가면서 이야기하기

- 상대의 느낌을 알아차리는 데 성공했는가?
- 이 연습을 하면서 어떤 느낌이 들었나?

## 4. 느낌 추측하기 게임

한 아이가 자신에게 일어난 어떤 일을 생각한 다음, 얼굴 표정과 몸동작으로 그 느낌을 표현한다. 나머지 사람들은 그것이 어떤 느낌일지 추측해 본다. 정확하게 추측한 아이가 다음 차례가 된다.

### 5. 짝을 지어 하는 신뢰 연습

두 사람이 상대방의 손목을 잡고 서서 동시에 함께 앉았다가 일어선다. 같은 동작을 두세 번 반복한다. (진행자는 돌아다니면서 필요하면 도움을 준다.)

# 잘 듣기와 듣지 않기

**워크숍 개요**

1. **시작하는 게임:** '배와 바위', 느낀 점 이야기하기

2. 진행자의 설명

3. **듣지 않기 게임:** 느낀 점 이야기하기

4. 진행자의 설명

5. **듣기 게임:** 느낀 점 이야기하기

6. 진행자 설명

7. 두 개의 원을 만들어 하는 **이완 마사지**

**워크숍 목표**

- 상대방이 내 이야기를 들어 줄 때와 들어 주지 않을 때의 경험의 차이를 알게 된다.

- 주의를 기울여 듣는 것이 서로를 이해하는 데 얼마나 중요한지를 알게 된다.

### 1. 시작하는 게임 '배와 바위'

진행자는 작은 종잇조각을 참가자 수대로 미리 준비한다. 세 장에는 "배"라고 쓰고 나머지에는 "바위"라고 쓴다. 아이들은 무작위로 종이를 한 장씩 뽑는다. 그런 다음, 배라고 쓰인 종이를 뽑은 아이 중에서 한 명을 청해서 눈을 가린다. 바위 역할을 하는 아이들은 모두 방 안에 흩어져 원하는 곳에 자리를 잡도록 요청한다. 이 아이들은 게임이 끝날 때까지 움직이지 말고 같은 자리에 앉거나 서 있어야 한다. 눈을 가린 아이가 할 일은 바위에 부딪히지 않으면서 바위들 사이를 안전하게 지나 방(바다)의 한쪽에서 다른 쪽까지 가는 것이다. 배가 바위에 다가오면 바위 역할을 하는 아이는 "찰싹, 찰싹, 찰싹……" 하고 파도 소리를 내서 배가 피해 가도록 한다. 반대쪽 해안에 도착한 배는 바위가 되고, 이어서 다른 배가 항해를 시작한다. 새 배가 뜰 때마다 바위들은 바다 안에서 위치를 바꿀 수 있다.

**돌아가면서 이야기하기** 진행자는 다음을 물어본다.

- 배 역할을 한 사람들은 항해를 하는 동안 느낌이 어떠했나?
- 파도 소리가 길 찾는 데 도움이 되었나?
- 바위 역할을 한 사람들은 어떤 인상을 받았는가?

### 2. 진행자의 설명

귀 기울여 듣는 힘을 기르는 것의 중요성에 대해서 이야기한 다음, 진행자는 아이들을 '듣지 않기 게임'에 초대해, 상대방이 내 말을 잘 들어 주지 않을 때의 느낌이 어떠한지 경험하게 한다.

### 3. 듣지 않기 게임

아이들이 둘씩 짝을 지은 다음, 마주 보고 앉는다. 이어서 누가 1번을 하고 누가 2번을 할지 정한다. 진행자가 신호를 보내면, 1번이 먼저 지난 주말에 한 일이나 자기가 좋아하는

TV 프로그램이나 즐겨 하는 일에 대해 이야기한다. 2번은 자신이 상대방 이야기를 전혀 듣지 않는다는 것을 여러 가지 몸짓으로 표현한다. 1~2분 후에 역할을 바꾸어 2번이 이야기를 하고, 1번은 듣지 않는 역할을 한다.

**돌아가면서 이야기하기**

- 상대방이 듣지 않을 때 이야기를 하는 느낌이 어떠했나?
- 이야기하기가 어려웠나? 듣지 않기가 어려웠나?

## 4. 진행자의 설명

이번에는 듣기 게임을 해서 상대방이 내 말을 잘 들어 줄 때의 느낌이 어떠한지 알아볼 것이라고 설명한다. 진행자는 듣는 아이들에게, 상대방이 한 말을 잠시 후 그대로 반복해야 하므로 상대방의 말을 잘 듣고 기억해 두어야 한다고 알려 준다.

## 5. 듣기 게임

진행자가 신호를 보내면 1번이 앞에서 한 것처럼 주말에 한 일이나 좋아하는 TV 프로그램 또는 자기가 즐겨 하는 일에 대해서 이야기하고, 2번은 주의 깊게 듣는다. 1분 후에 진행자가 "그만!"이라고 하면 2번은 1번이 한 말을 그대로 반복한다. 반복하기가 끝난 후, 역할을 바꾸어서 2번이 이야기를 하고 1번이 듣는다.

**돌아가면서 이야기하기**

- 상대방이 잘 들어 줄 때 이야기하기가 어떠했는가?
- 이야기하기가 더 쉬워졌나? 듣기가 어려웠나?
- 들은 이야기를 그대로 반복할 수 있었나?

## 6. 진행자의 설명

우리가 이야기할 때 상대방이 잘 들어 주는 것이 우리 모두에게 얼마나 중요한지, 또 그것이 얼마나 큰 행복감과 친밀감을 주는지 설명한다. 교실에서 친구들과 관계를 맺는 데, 그리고 배운 것을 기억하는 데 잘 듣는 것이 얼마나 중요한지에 대해 설명한다.

7. **이완 마사지** 두 개의 원을 만들어 둘러선 다음, 앞 사람의 목과 등을 안마해 주고 두 사람한테서 마사지를 받는다.

# 부록 1

이 페이지를 복사한 뒤 점선을 따라 잘라서 세 장의 카드(A, B, C)를 만든다. 이 카드는 워크숍 10에서 사용한다.

A

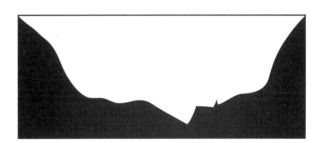

B

C

# 의사소통과 오해(1)

**워크숍 개요**

1. 평소와 다른 방식으로 돌아가면서 이름 말하기

2. "어버버 어버버"

3. 오해를 불러일으키는 관점의 차이, 돌아가면서 이야기하기

4. 진행자의 설명

5. 몸짓으로 이어 가기

6. 돌아가면서 이야기하기: 왜 오해가 생겼을까?

**워크숍 목표**

- 의사소통에서 오해가 생기는 이유를 알게 된다.

- 다른 사람의 관점을 이해하는 것을 돕는다.

- 비언어적 의사소통을 해 본다.

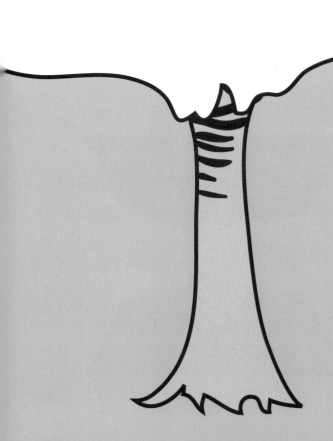

## 1. 돌아가면서 이름 말하기

지금까지 해 보지 않은 새로운 방식으로 자기 이름을 말해 보세요. (유진→"유우우우지 이이인" 같은 식으로 시범을 보여서 아이들이 자기 나름의 방식을 찾도록 돕는다.)

## 2. "어버버 어버버"

두 사람이 짝을 지어, 턱과 얼굴 근육에서 힘을 빼고 부정확한 발음으로 함께 이야기한다. (분위기를 띄우는 활동)

## 3. 오해를 불러일으키는 관점의 차이

어린이들을 두 그룹으로 나눈 다음, 방의 양쪽 모퉁이에 따로 서게 한다. 한 그룹이 보는 것을 다른 그룹이 보지 못할 정도의 거리를 둔다. 첫 번째 그룹에 꽃병 그림(57쪽, 부록 1의 카드 A)을 주고 돌아가면서 모두 보게 한다. 다른 그룹에는 얼굴 옆모습 그림(카드 B)을 같은 방식으로 보여 준다. 그런 다음, 그림을 회수하고 모든 아이들이 둥그렇게 앉도록 한다. 한 명씩 돌아가면서 꽃병과 옆모습이 함께 그려진 그림을 몇 초씩 보게 한다.(카드 C)

**돌아가면서 이야기하기** 마지막 그림에서는 무엇을 보았나요? (모든 아이들이 자기가 본 것을 이야기한다.) 마지막 아이가 이야기를 마치면, 모두가 볼 수 있도록 가운데에 카드 C를 놓는다.

**관점의 차이에 대해 이야기하기** 그러한 차이는 왜 생겼을까요?

## 4. 진행자의 설명

"우리는 서로를 이해하기가 어려울 때가 있습니다. 왜냐하면 같은 관점에서 사물을 보지 않기 때문이지요."

상대방의 관점을 이해하는 일이 우리가 서로를 이해하는 데 얼마나 중요한지를 진행자가 강조한다.

## 5. 몸짓으로 이어 가기

첫 번째 아이가 한 가지 행동을 생각해서 몸짓으로 표현한다.(예: 빵에 버터를 바른다.) 두 번째 아이가 그것이 어떤 행동인지 추측해 보고 나서, 자기 생각을 몸짓으로 표현한다.(예: 컵을 들고 있다.) 세 번째 아이가 그것을 보고 추측한 다음에, 자기 생각을 몸짓으로 표현한다.(예: 컵에 우유를 따른다.) 이렇게 말없이 몸짓으로만 이어 간다. 누구든 추측이 잘못되었다고 생각하더라도 바로잡으려 하면 안 된다. 이어 가기가 끝나면, 무엇을 나타낸 몸짓이었는지에 대해 함께 이야기한다.

## 6. 돌아가면서 이야기하기 왜 오해가 생겼을까?

- 몸짓으로 무엇을 표현하려고 했는가?
- 마지막에는 어떻게 전달되었나?
- 오해가 생긴 이유는 무엇이었나?

60

## 부록 2a

이 페이지를 복사한 뒤 점선을 따라 잘라서 세 장의 카드를 만든다. 이 카드는 워크숍 11의 '설명을 듣고 그리기'에서 사용한다.

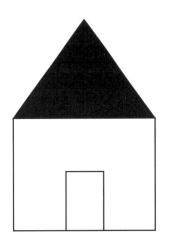

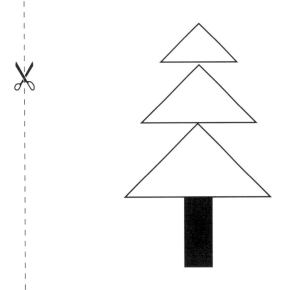

# 의사소통과 오해(2)

## 워크숍 개요

1. **돌아가면서 이름 말하기:** 이렇게 이름을 말해 봅시다. 미라―미 파 라 파 ……

2. **상대의 설명을 듣고 그리기:** 듣고 그린 그림과 원래 그림에 차이가 생긴 이유에 대해

   돌아가면서 이야기하기

3. **'응―아니' 게임:** 설득 방법에 대해 돌아가면서 이야기하기

4. **진행자의 설명**

5. **부모와의 오해:** 여러분이 "싫어요!"라고 말할 때 엄마/아빠가 어떻게 합니까? **돌아가면서 이야기하기**

6. 아이와 부모가 사이좋게 지내려면 어떻게 해야 할까요? **돌아가면서 이야기하기**

7. **동작 이어 가기**

## 워크숍 목표

- 의사소통에서 오해가 생기는 이유를 알게 된다.
- 다른 사람의 관점을 취해 보도록 격려한다.
- 비언어적 의사소통을 해 보도록 격려한다.

## 1. 돌아가면서 이름 말하기

이렇게 이름을 말해 봅시다. 미라—미 파 라 파, 지성—지 용 성 용, ……

## 2. 설명을 듣고 그리기

두 사람씩 서로 등을 대고 앉는다. 상대방이 하는 이야기를 들을 수 있을 정도로 가까이 앉는다. A가 간단한 그림(부록 2a[61쪽]와, 2b[65쪽] 참조)을 하나 받아서 그 그림의 이름을 말하지 않고 B가 그 그림과 똑같이 그리도록 한다. 예컨대, 2개의 동그라미와 2개의 사각형으로 구성된 트럭 그림일 때 A는 그것이 '트럭'이라는 말을 해서는 안 된다. 그림이 얼굴(하나의 원 안에 2개의 작은 원과 2개의 선이 들어 있는 모양)이라면 '얼굴'이라는 말을 하지 않는다. B가 그림을 다 그리면, B의 그림과 원래 그림을 비교해 보고, 서로 역할을 바꾼 다음에 새 그림을 받는다.

### 돌아가면서 이야기하기

• 듣고 그린 그림과 원래 그림에 차이가 생긴 이유는 무엇이었나?
• 그림을 똑같이 그리기가 어려웠는가? 왜 어려웠나?

**메모** 이 활동의 목적은 아이들에게 사람마다 보는 방식이 다르다는 것을 알게 하고, 내가 보고 있는 어떤 것을 보지 않은 다른 사람에게 전달하기가 어렵다는 점을 깨닫도록 하는 것이다. 원본과 똑같은 그림을 그리는 것이 목표가 아니다.

## 3. '응-아니' 게임

어린이들이 두 줄로 나뉘어 서로 마주 보고 선다. 첫 줄 사람들은 계속 "응!"이라고 말하고, 상대방도 "응!"이라고 말하도록 만들어야 한다. 두 번째 줄 사람들은 계속 "아니!"라고 말하고, 상대방도 "아니!"라고 말하게 만들어야 한다. 양쪽에 선 사람들은 동시에 말을 하며, 비언어적인 수단과 설득하는 방법을 자유롭게 사용할 수 있다.

• 내가 원하는 대로 상대방이 말하도록 하는 데 성공했는가?

## 4. 진행자의 설명

다른 사람과 사이좋게 지내기가 어려울 때가 있다. 왜냐하면 우리는 (이 게임에서 보듯이) 다른 사람이 우리를 설득해서 하게 만들려는 일은 하기가 싫기 때문이다. 우리는 강요받는 것을 싫어한다.

## 5. 부모와의 오해

여러분이 "싫어요!"라고 말할 때 엄마가 여러분에게 어떻게 합니까? 그리고 여러분이 아빠에게 "싫어요!" 할 때 아빠는 어떻게 하나요?

**돌아가면서 이야기하기**

## 6. 자녀와 부모가 사이좋게 지내려면 어떻게 해야 할까요?

아이들이 방법을 제안하게 한다. "싫어요!"를 다른 방식으로 표현하는 법을 알려 준다. 그것은 "예!"라고 말하기 싫게 만드는 욕구를 표현하는 것(예: "내가 결정하고 싶어요.")이다.

**돌아가면서 이야기하기**

## 7. 동작 이어 가기

진행자가 한 가지 동작을 하면, 그 옆에 있는 사람이 그 동작을 다음 사람에게 전달한다. 규칙은 "앞사람들이 어떻게 했든 상관없이, 자기 옆 사람이 하는 동작만을 보고 전달하는 것입니다." 진행자는 처음 동작이 아이들 사이에 전달되는 동안에 새 동작을 시작한다.

진행자가 제시하는 동작들은 다음과 같다.

• 손가락으로 소리 내기

• 손으로 허벅지 치기

• 손으로 허벅지를 친 다음 발 구르기

• 발 구르기

• 부동자세로 있기

## 부록 2b

이 페이지를 복사한 뒤 점선을 따라 잘라서 세 장의 카드를 만든다. 이 카드는 워크숍 11의 '설명을 듣고 그리기'에서 사용한다.

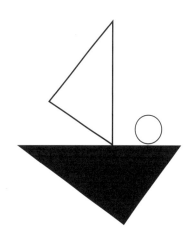

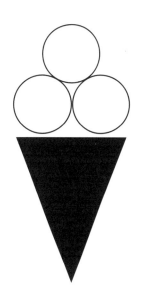

# 협력하기(1)

**워크숍 개요**

    **1.** 작은 공 가지고 놀기

    **2.** 사전 합의 없이 **말없이 단체 그림 그리기**

    **3. 그림 발표하기:** 경험 나누기

    **4. 마무리 활동:** 기분 좋은 말들로 샤워하기

**워크숍 목표**

    • 협동심을 기른다.

    • 비언어적 의사소통을 해 본다.

    • 상상력을 키운다.

### 1. 작은 공(또는 콩 주머니) 가지고 놀기

모두가 둘러앉아서 다른 사람에게 공을 던진다. 공을 던지기 전에 먼저 누구에게 던질 것인지 상대방의 이름을 말한다. 이름 대신에 그 사람의 옷 색깔을 말할 수도 있다.

### 2. 말없이 단체 그림 그리기

어린이 네 명이 한 팀이 되도록 나눈다. 팀원들 사이에 어떤 그림을 그릴지 미리 합의해 서는 안 되고, 그리는 동안에 말을 해서도 안 된다. 진행자가 신호를 주면, 모두가 동시에 그림을 그리기 시작한다. 각자 A4 종이를 가지고 다른 팀원들이 무엇을 그리는지 모르는 채로 자기 마음대로 그림을 그린다. 그림 그리기가 끝나면, 각 모둠은 네 장의 그림을 어 떻게 하나로 엮을지 의논한다. 그런 다음, 이 네 그림을 이어 주는 이야기를 만들고, 전체 이야기에 제목을 붙인다.

### 3. 그림 발표하기

각 팀에서 대표 한 사람이 네 장의 그림을 모두 들고 나와서 그림들을 이어 주는 이야기 를 한다. (그림에서 어떤 주제가 생겨나는지에 주목한다.)

**돌아가면서 이야기하기**

- 네 장의 그림을 어떻게 연결할지 의견을 모으기가 어려웠나?
- 어떤 이야기를 만들지에 대해서 의견을 모으기가 어려웠는가?

### 4. 마무리 활동 기분 좋은 말로 샤워하기

어린이들을 두 줄로 나누어 마주 보고 서게 한다. 한 아이가 한쪽 끝에서 시작해서 두 줄 사이를 천천히 걷는다. 다른 아이들은 그 아이에게 따뜻한 말을 해 주고, 미소를 짓 거나 쓰다듬어 준다. 줄을 다 지나면 그 줄의 끝에 서고, 다음 사람이 시작한다.

# 협력하기(2)

### 워크숍 개요

1. **돌아가면서 이름 말하기:** "내 이름은 ……이고, 나는 ……하기를 좋아합니다.", 다음 사람이 이를 반복하기

2. **앞의 그림을 보지 않고 이어 그리기, 발표하기,** 돌아가면서 이야기하기

3. **풍선 옮기기:** 풍선 옮기면서 느낀 점을 돌아가면서 이야기하기

4. **살아 있는 거울**

### 워크숍 목표

- 협동심을 기른다.
- 비언어적 의사소통을 해 본다.
- 상상력을 기른다.

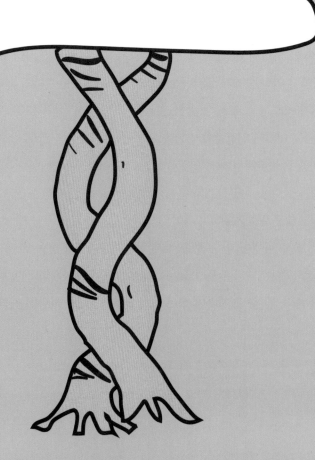

## 1. 돌아가면서 이름 말하기

첫 번째 사람이 "내 이름은 미라이고, 나는 ……하기를 좋아합니다."라고 하면, 다음 사람은 "미라는 ……를 좋아합니다. 내 이름은 수민이고, 나는 ……를 좋아합니다."라고 한다. 같은 식으로 모든 아이가 앞사람 이름과 함께 앞사람이 한 말을 반복한다.

## 2. 앞의 그림을 보지 않고 이어 그리기 7~8명으로 모둠을 만든 다음, 각 모둠에 20㎝×150㎝ 크기의 종이를 한 장씩 나누어 준다. 각 모둠에서 한 명이 그림을 그리기 시작하는데, 다른 사람들은 그림을 볼 수 없다. 첫 번째 사람은 어떤 주제나 사람의 한 부분을 그린다. 그런 다음, 자신의 그림이 보이지 않게 종이를 접는다. 이때 아주 일부만 보이도록 해서 다음 사람이 이어서 그릴 수 있도록 한다. 이렇게 해서 종이의 끝부분에 도달할 때까지 그림을 이어 간다. 마지막에는 종이를 펼쳐서 어떤 그림이 완성되었는지 보고, 제목을 붙인다.

**발표하기** 한 사람이 모둠 대표로 나와서 그림과 제목을 보여 준다.

**돌아가면서 이야기하기** 이 게임을 하면서 어떤 느낌이 들었나?

## 3. 풍선 옮기기 둘씩 짝을 짓는다. 8~10㎝ 너비의 종이나 천 위에 2~3개의 풍선을 놓는다. 짝이 된 두 사람은 풍선을 떨어뜨리지 않고 방의 반대쪽으로 운반해야 한다.

**돌아가면서 이야기하기**

· 무엇이 어려웠나? · 풍선이 떨어지지 않게 하기 위해서 어떻게 했나?

## 4. 살아 있는 거울 이 게임은 참가자 전체가 동시에 한다. 두 사람이 마주 보고 선다. 첫 번째 사람이 한 가지 동작(예: 머리 빗기)을 생각해서 천천히 그 동작을 시작한다. 두 번째 사람은 자기가 거울인 것처럼 첫 번째 사람의 동작을 흉내 내어 따라 한다. 첫 번째 사람이 새 동작을 하고, 두 번째 사람은 거울처럼 계속 따라 한다. 결국에는 누가 동작을 시작하고 누가 거울이 되는지 구분하기 어려워진다. 역할을 바꾸어서 해 본다.

# 꿈

**워크숍 개요**

1. **무언극 게임:** 나 지금 뭐 먹게?

2. **무슨 꿈을 꾸나?** 돌아가면서 이야기하기

3. **가장 무서웠던 꿈 그리기**

4. **가장 아름다웠던 꿈 그리기**, 돌아가면서 이야기하기

5. **모둠별로 꿈을 연극으로 보여 주기**, 관객들 의견 말하기

6. **마무리 활동:** 둥그렇게 둘러서서 뒷사람 무릎 위에 앉기

**워크숍 목표**

- 내면을 표현하게 한다.

- 상상력을 자극한다.

- 협동심을 기른다.

1. **무언극 게임** 나 지금 뭐 먹게? 몸짓으로 무엇인가를 먹는 흉내를 낸다. 먼저, 무엇을 먹을 지를 생각한다. 그런 다음, 그것을 먹는 모습을 보여 준다. 다른 사람들은 그 사람이 무 엇을 먹는지 추측한다. 추측이 틀렸더라도 다음 사람으로 넘어간다.

2. **무슨 꿈을 꾸나?** 잠잘 때 우리는 가끔 기분 좋은 꿈을 꾼다. 때로는 불쾌하거나 무서운 꿈을 꾸기도 한다.
   **돌아가면서 이야기하기** 최근에 어떤 꿈을 꾸었나? 기분 좋은 꿈? 아니면 나쁜 꿈?

3. **가장 무서웠던 꿈 그리기** 그림을 다 그리고 나면 4번으로 넘어간다.

4. **가장 아름다웠던 꿈 그리기**
   **돌아가면서 이야기하기** 각자 자기 그림들을 보여 주면서 설명한다.

5. **꿈을 연극으로 보여 주기** 이제 꿈을 연극으로 만들어 봅시다. 먼저 네 모둠으로 나눈 다 음, 각 모둠에서 어떤 꿈을 어떻게 연극으로 보여 줄지 결정해야 합니다. (각 모둠이 어떤 꿈을 연극으로 보여 줄지 자유롭게 결정한다. 진행자는 배역 다툼을 하지 않도록 도와 준다. 그리고 새로운 것을 추가해도 좋다고 알려 준다. 리허설 시간을 준다. 각 모둠의 연 극이 끝나면, 관객들은 어떤 점이 좋았는지, 무엇이 마음에 들지 않았는지, 결말을 어떻 게 생각하는지 등의 의견을 말한다. 긍정적이고 낙관적인 해법을 찾아보도록 유도한다.)

6. **마무리 활동** 둘러서서 뒷사람 무릎에 앉기
   앞사람의 등을 보고 간격을 좁혀서 둥글게 둘러선다. 내 왼발이 앞사람의 왼발 뒤꿈치에 닿을 만큼 가까이 선다. 그런 다음, 모든 사람이 동시에 앉는다. 그러면 모두가 뒷사람의 무릎에 앉게 된다. 제대로 되면, 이 상태로 전체가 천천히 움직일 수도 있다.

# 화(1)

**워크숍 개요**

1. **돌아가면서 이름 말하기:** 이름+아하!

2. **화의 경험: 내가 화났을 때:** 문장 완성 게임

3. **몸으로 느끼는 화:** 몸에서 화의 위치 찾기. 돌아가면서 이야기하기

4. **화 가라앉히는 법:** 돌아가면서 이야기하기

5. **화를 가라앉히는 방법에 관한 진행자의 제안:** 연습하기

6. **인간 매듭**

**워크숍 목표**

• 화를 표현할 기회를 준다.

• 화를 억누르지 않고 극복하는 방법을 찾아낸다.

## 1. 돌아가면서 이름 말하기

최대한 큰 소리로 이름을 말한 다음, 힘차게 "아-하!"라고 외쳐 보세요.(예: "민지-아-하!")

## 2. **화의 경험** 문장 빠르게 이어 가기

제가 하는 것처럼, 돌아가면서 문장을 빠르게 이어 가 보세요. "나는 ……처럼 화가 나요. 화가 나면 나는 ……(예: 폭발할 것 같은) 느낌이 듭니다."

## 3. **몸으로 느끼는 화** 몸에서 화의 위치 찾기

우리 모두는 때때로 성이 나고 화가 납니다. 눈을 감고, 화가 났을 때 어떤 느낌이었는지를 기억해 보세요.

**돌아가면서 이야기하기**

• 몸의 어느 부분에서 화가 자라기 시작하고, 어떻게 퍼져 나가고, 어디까지 가나요?

## 4. 화 가라앉히는 법

**돌아가면서 이야기하기**

• 화가 났을 때 어떻게 마음을 가라앉힙니까? 어떻게 하고, 무엇을 생각합니까? 가장 쉽게 화를 식히는 방법은 무엇입니까?

## 5. 화를 가라앉히는 방법에 관한 진행자의 제안

화가 났을 때 자신이나 다른 사람을 아프게 하지 않으면서 내 마음을 충분히 표현하는 방법을 찾아봅시다.

**a.** 수건을 꽉 쥐어짭니다.

**b.** 수건이나 손으로 침대를 내리치면서 소리를 지릅니다.

**c.** 마구 낙서를 합니다. 아이들에게 종이를 주고 화를 마음대로 표현해 보게 한다.(아이

들은 자기를 화나게 하는 물건이나 사람을 그린 다음에 마구 문질러서 지워 버리기도 하고, 종이를 구겨서 멀리 던져 버리기도 한다.)

d. 사자 소리를 내 봅시다. 무릎을 꿇고 앉은 다음, 발가락을 안으로 향하고 손을 무릎 위에 놓습니다. 입을 벌리고, 얼굴 근육에서 힘을 뺍니다. 혀를 최대한 내밀어서 공기가 폐로부터 조용히 밖으로 나오게 합니다. 같은 동작을 반복하는데, 이번에는 사자처럼 가슴 깊은 곳에서 나오는 소리를 지릅니다.

e. **이완 운동** 앉아서 천천히 호흡을 합니다. 머리 꼭대기부터 발가락까지 편안한 느낌이 파도처럼 밀려 내려와서 온몸을 감싼다고 상상합니다.

## 6. 인간 매듭

서로 손을 잡고 둘러선다. 그런 다음, 손을 꽉 잡은 채로, 상대방의 팔 아래로 기어 들어가는 등 여러 방법으로 서로 몸이 얽히게 해서 아무도 움직일 수 없게 될 때까지 인간 매듭을 만든다. 이제 손을 잡은 채 매듭을 풀어 본다.

# 화(2)

**워크숍 개요**

1. 화를 소리로 표현하기

2. 돌아가면서 이야기하기: 여러분을 화나게 하는 것은 무엇입니까?

3. 화를 그림으로 나타내기

4. 그림을 보여 주고 설명하기, 화가 말하게 하기

5. 다른 사람들에게 바라는 점, 돌아가면서 이야기하기

6. 인간 매듭

**워크숍 목표**

• 화를 표현할 기회를 준다.

• 화를 억누르지 않고 극복하는 방법을 찾는다.

### 1. 화를 소리로 표현하기

여러분의 화를 가장 잘 표현할 수 있는 소리를 찾아보세요. 그것은 "스스스스"나 "그르르르" 같은 소리가 될 수도 있습니다. 각자 자기 나름의 방법으로 동시에 소리 내어 봅시다.

### 2. 돌아가면서 이야기하기

- 여러분을 화나게 하는 것은 무엇입니까?

### 3. 화를 그림으로 나타내기

- 자신이 느끼는 화를 모양과 색깔로 표현해 보세요.

### 4. 그림 보여 주고 설명하기, 화가 말하게 하기

돌아가면서 자기가 그린 그림을 보여 주고 설명한다. 한 사람이 그림을 보여 주면서 설명하고 나면 이렇게 묻는다. 이제 화에 귀 기울여 보세요. 그 그림이 되어서 화난 소리를 내 보세요. 화의 소리는 어떻습니까? 화가 뭐라고 하나요?

### 5. 다른 사람들에게 바라는 점

여러분이 화가 났을 때 다른 사람들이 어떻게 해 주면 좋겠어요?

**돌아가면서 이야기하기**

- 그런데 사람들은 보통 어떻게 하나요?
- 여러분은 그것을 어떻게 바꿀 수 있을까요?

### 6. 인간 매듭

서로 손을 잡고 둘러선다. 그런 다음, 손을 꽉 잡은 채로, 상대방의 팔 아래로 기어 들어가는 등 여러 방법으로 서로 몸이 얽히게 해서 아무도 움직일 수 없게 될 때까지 인간 매듭을 만든다. 이제 손을 잡은 채 매듭을 풀어 본다.

# 놀리는 별명

**워크숍 개요**

1. **돌아가면서 이야기하기:** 내가 좋아하는 재미난 말들

2. **듣기 싫은 별명:** 목록 만들기

3. **놀림 당하는 사람의 느낌과 욕구에 대해 이야기 나누기**

4. **다른 사람을 놀리는 이유에 대해 이야기 나누기**

5. **진행자의 설명**

6. **자기 별명 고르기:** 그 별명을 선택한 이유에 대해 이야기하기

7. **마무리 게임:** 달리는 쥐

**워크숍 목표**

- 별명이 타인을 모욕하는 것이 될 수도 있다는 점을 알게 된다.

- 다른 사람들의 느낌과 욕구를 배려하는 법을 배운다.

- 서로 마음 상하게 하지 않으면서 함께 놀 수 있게 된다.

### 1. 재미난 말들

진행자가 재미있는 말들을 읽어 준다.(부록 3a[81쪽], 3b[82쪽], 3c[83쪽] 참조)

**돌아가면서 이야기하기** 여러분이 좋아하는 재미난 말들은 어떤 것입니까? 진행자는 아이들이 자유롭게 이야기하도록 권한다.

### 2. 듣기 싫은 별명
내가 보기에는 재미있지만 다른 사람에게는 기분 나쁜 말이 있습니다. 듣기 싫은 별명이 그렇지요. 여러분이 싫어하는 별명은 무엇이고, 친구가 싫어할 것 같은 별명은 무엇인가요? 아이들이 별명을 말하면 진행자가 칠판에 적는다. 아이들이 글을 쓸 줄 안다면 직접 쪽지에 쓰게 해도 된다.

### 3. 놀림 당하는 사람의 느낌과 욕구에 대해 이야기 나누기

진행자는 종이나 칠판에 적은 별명들을 하나씩 읽으면서 그 별명(예: 뚱보, 멍청이)을 들은 어린이의 기분이 어떨지 생각해 보자고 말한다.

- 그 아이는 어떻게 느낄까요?
- 그 아이가 원하는 것은 무엇일까요?

진행자는 어린이들에게 자기가 그런 별명으로 불리면 어떨지 상상해 보라고 권한다.

- 내가 그런 별명으로 놀림 받는다면 어떤 느낌이 들까요?
- 왜 그런 느낌이 들까요? 무엇을 원하기 때문일까요? (예: 반 친구들이 좋아하기를 바라기 때문에, 자기를 받아 주기를 원하기 때문에 등.)

**돌아가면서 이야기하기**

### 4. 놀리는 이유에 대해 이야기 나누기

- 아이들은 왜 다른 아이들에게 별명을 붙일까요?
- 어떻게 하면 서로 마음에 상처를 주지 않으면서 재미있게 놀 수 있을까요?

## 5. 진행자의 설명

다른 사람의 별명을 지을 때에는 상대방이 어떻게 느낄지를 먼저 물어보는 것이 중요합니다. 만약 상대방이 싫어하면 그 별명을 쓰지 말아야 합니다.

## 6. 자기 별명 고르기

진행자는 아이들에게 어떤 별명을 갖고 싶은지, 왜 그런지에 대해 이야기를 나누도록 요청한다.

**돌아가면서 이야기하기** 선택한 별명과 그것을 선택한 이유에 대해 이야기한다.

## 7. 마무리 게임 달리는 쥐

모두가 원 모양으로 선다. 진행자는 아이들에게 작은 쥐 한 마리가 왼쪽에서 오른쪽으로 돌고 있다고 상상해 보자고 말한다. 쥐가 다가오면 먼저 왼발을 들고, 이어서 오른발을 들어 쥐가 지나가도록 해야 한다. 여러 차례 반복하면서 속도를 점점 빨리 한다.

# 부록 3a

잘 잤니?[1]

짹짹짹
참새야, 잘 잤니?

방글방글
꽃아, 잘 잤니?

멍멍멍멍
강아지야, 잘 잤니?

뿡빵-뿡빵
자동차야, 잘 잤니?

엄마, 아빠
안녕히 주무셨어요?

---

1) 이상교, 《소리가 들리는 동시집》 중 〈잘 잤니?〉, 토토북, 2010.

# 부록 3b

짝꿍[2]

내 짝꿍은
잘 웃어요.

생글생글
방싯방싯
아니면 까르르르 까르르르
호호호!

흉내 내다
함께 웃어요.


배불뚝이 복어[3]

복어는 배불뚝이
배를 탱탱 부풀려요

화가 나도 탱탱탱
겁이 나도 탱탱탱

탱탱한 공도 되고
빵빵한 풍선도 돼요.

---

2) 이상교, 《소리가 들리는 동시집》 중 〈짝꿍〉, 토토북, 2010.
3) 김종상, 《우리집은 물물물》 중 〈배불뚝이 복어〉, 파란정원, 2012.

# 부록 3c

구리 구리 구리[4]

구리는 구린데
논에서 나는
구리는?
(개구리)

구리는 구린데
나무에서 나는
구리는?
(매미구리)

구리는 구린데
굴에서 나는
구리는?
(너구리)

구리는 구린데
길에서 나는
구리는?
(트럭구리 트럭구리)

이 문제를 못 풀면
너는 너는
무슨 구리?
(멍텅구리)

---

4) 손동연, 《참 좋은 짝》 중 〈구리 구리 구리〉, 푸른책들, 2004.

# 고자질

## 워크숍 개요

### 1. 교실에서 일어나는 고자질: 모둠별 역할극

**역할극을 마친 뒤 이야기 나누기:** 역할극을 하면서 어떤 느낌이 들었는지,

(선생님과 학생들의) 어떤 욕구가 충족되지 않았는지 이야기한다.

### 2. 진행자의 설명

### 3. 다 함께 이야기하기: 선생님께 이르지 않고 반 친구들끼리 해결할 수 있는 오해에는 어떤 것이

있을까? 어떻게 해결할 수 있을까?

### 4. 모둠별 역할극: 3단계로 고자질 바꾸기

**다 함께 이야기하기:** 만족스럽고 현실적인 해결책이었는가? 어떻게 그 해결책을 찾게 되었는가?

### 5. 나를 괴롭게 하는 친구들의 행동 목록 만들기

**다 함께 이야기하기:** 진행자가 칠판에 기록한다.

### 6. 느낌의 신호: 그리기, 그림에 대해 이야기 나누기

## 워크숍 목표

- 자신과 타인의 느낌과 욕구를 인지하게 된다.
- 친구들 사이의 오해와 갈등을 해결해야 한다는 책임감을 가지게 된다.

## 1. 교실에서 일어나는 고자질

**모둠별 역할극** 5명씩 모둠을 만든다. 그중 4명은 학생 역할을 하고, 1명은 선생님 역할을 한다. 각 모둠은 하나의 고자질 사례를 만들어 전체에 발표할 준비를 한다. 몇 명은 선생님한테 다른 아이의 행동을 일러바치는 역할을 한다. 선생님 역할을 맡은 사람은 자기 나름의 방식으로 아이들 사이의 문제를 평화롭게 해결하려고 노력한다.

**역할극을 마친 뒤 이야기 나누기** 각자 맡은 역할을 하면서 느낌이 어땠는지, 어떤 욕구가 충족되지 않았는지 아이들 각각에게 물어본다.

## 2. 진행자의 설명

고자질은 우리를 괴롭히는 것을 바꾸는 데 도움이 되지 않는다. 모두를 불만스럽게 만든다. 선생님이 만족스럽지 않은 것은 학생들끼리 사이좋게 우애 깊이 지내기를 정말로 바라기 때문이다. 또 선생님한테 이르지 않고 친구들끼리 오해를 풀 수 있다고 확신하고 싶기 때문이다.

## 3. 다 함께 이야기하기

- 선생님께 이르지 않고 반 친구들끼리 해결할 수 있는 오해에는 어떤 것들이 있는가?
- 어떻게 해결할 수 있는가?

## 4. 고자질 바꾸기

**모둠별 역할극** 첫 번째 역할극 때와 같은 모둠으로 나눈다. 이번 과제는 다음과 같다.

**a. 직접 표현해 보기** 나를 괴롭히는 행동을 하는 친구에게 직접 이야기하려고 노력해 보세요. 내 느낌이 어떤지, 그 친구가 나를 괴롭히는 행동을 할 때 나의 어떤 욕구가 충족되지 않는지 말해 봅시다.

**b. 추측해 보기** 그 친구가 왜 그런 행동을 하는지 추측해 봅시다. 그 친구의 지금 느낌이

어떤지, 무엇을 원하는지 짐작해 보세요. "너는 ……를 원하기 때문에 지금 마음이 ……한 거니?"라고 물어서 확인해 보세요.

**c. 해결책 찾기** 모두의 욕구를 충족할 수 있는 방법을 찾아보세요. 그래서 모두가 만족할 수 있도록.

**다 함께 이야기하기**

- 만족스럽고 현실적인 해결책이었나?
- 어떻게 그 해결책을 찾게 되었나?

## 5. 나를 괴롭게 하는 친구들의 행동 목록 만들기

반 친구들이 하는 행동 중에서 여러분을 괴롭히는 행동들을 나열해 봅시다. 친구들이 한 행동 가운데 여러분이 좋아하지 않는 행동을 생각해 보세요.

**다 함께 이야기하기** 아이들이 이야기한 것을 칠판에 기록한다.

## 6. 느낌의 신호 그리기

내 느낌의 신호(sign)를 만들어 보세요. 그걸 보는 순간, '나를 괴롭히는 아이에게 내 느낌이 어떤지를 직접 말해 주어야지.'라는 생각이 들게 하는 신호를 만듭니다. 그런 목적에 도움이 될 그림은 어떤 것일까요? 자기만의 독특한 신호를 만드는 것이 중요합니다.

아이들이 그림을 그린다.

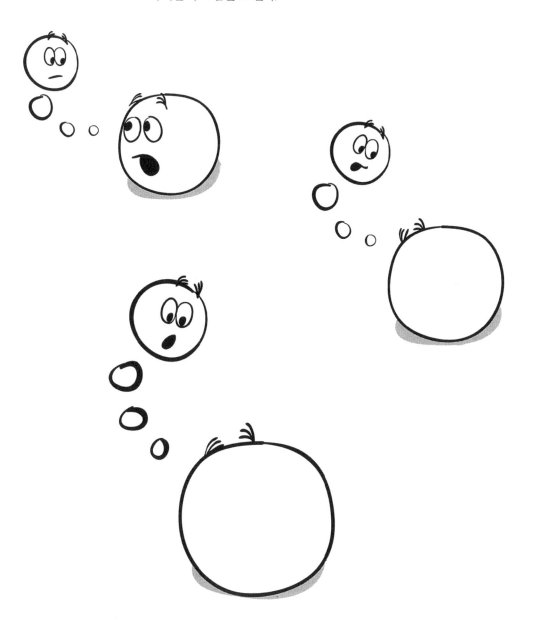

# 갈등

## 워크숍 개요

1. **화난 자세로 멈추기 게임**

2. **꼬마 마법사 게임:** '사이좋은 개와 고양이' 그리기

   해결책을 비교하고 분류하기

   돌아가면서 이야기하기: 아이들이 생각해 낸 해결책

3. **진행자의 설명**

4. **나의 갈등:** 누구와? 무엇에 대해? 왜? 돌아가면서 이야기하기

5. **제안하기:** 어떻게 하면 모두가 만족하도록 갈등을 풀 수 있을까?

   **역할극:** 2명의 자원자가 갈등을 연기하고 해결책을 제시한다.

   **토론하기:** 두 사람은 어떻게 그러한 해결책에 도달하게 되었나? 정말로 두 사람 모두 만족하고 있는가?

6. **'영화 또는 동화' 연출하기:** 모둠별로 갈등을 연기하고 해결책을 제안한다.

7. **마무리 게임:** 인간 매듭

## 워크숍 목표

- 갈등을 건설적으로 해결하도록 격려한다.

### 1. 화난 자세로 멈추기 게임

아이들이 방을 돌아다니면서 서로 부딪친다. 진행자가 "얼음!"이라고 하면 아이들은 화난 자세로 멈춘다. 진행자는 아이들을 한 명씩 "땡!" 하고 풀어 주면서 이렇게 묻는다. "지금 느낌이 어떤가요? 왜 그렇게 느끼나요?"

### 2. 꼬마 마법사 게임 '사이좋은 개와 고양이' 그리기

아이들에게 자기가 원하는 것은 무엇이든지 할 수 있는 마법의 힘을 갖고 있다고 상상해 보자고 말한다. 이어서, 내게 그런 힘이 있다면 고양이와 개의 문제를 어떻게 해결할지 각자가 생각한 해결책을 그림으로 그리라고 요청한다. 어떻게 하면 개와 고양이가 사이좋게 지내도록 할 수 있을까요? 개와 고양이가 사이좋게 지내도록 하기 위해서 둘에게 무엇을 해 주고, 둘의 어떤 점을 바꾸고, 무엇을 줄 건가요? (저마다 상상력을 발휘해서 해결책을 찾아보라고 아이들을 격려한다.)

**해결책을 비교하고 분류하기** 이 나이 또래 아이들이 내놓은 해결책 가운데 몇 가지를 예로 들면 다음과 같다. 서로 다른 우리에 가둔다, 둘 사이에 벽을 쌓는다, 개와 고양이의 특징을 다 가진 새로운 종을 만든다, 개와 고양이 각자에게 그들이 좋아하는 것을 준다, 제3자인 중재자를 데려온다, 태어난 때부터 함께 기른다, 요술봉을 써서 둘이 서로 사랑하게 만든다.

**돌아가면서 이야기하기** 아이들은 어떤 해결책을 생각해 냈는가?

### 3. 진행자의 설명 어떤 갈등에서든 양쪽이 조금씩 바뀌고 상대방의 욕구를 배려하는 것이 중요하다고 말해 준다.

### 4. 나의 갈등

여러분은 누구와 가장 많이 다투나요? 무엇에 대해서, 왜 다투나요?

**돌아가면서 이야기하기** 진행자는 아이들에게, 갈등 관계에 있는 양쪽 사람들의 욕구가 무엇일지 생각해 보라고 권한다.

### 5. 제안하기 어떻게 하면 모두가 만족하도록 갈등을 풀 수 있을까?

우리의 갈등은 대개는 한쪽이 이기고 다른 쪽이 지거나, 양쪽 모두 지거나, 아니면 양쪽 모두 조금씩 이기고 지는 식으로 끝이 납니다. 이제 우리는 모두를 만족시킬 수 있는 창의적인 해결책을 찾아보려 합니다. (아이들이 전형적인 갈등의 예를 하나 선택하고, 진행자는 역할극을 할 두 명의 자원자를 요청한다. 먼저, 두 사람이 실제처럼 갈등을 연기한다. 그런 다음, 관객들이 문제에 대한 건설적인 해결책을 제안한다.) 어떻게 하면 두 사람이 모두 만족하는 새로운 방식으로 문제를 해결할 수 있을까요? 두 명의 자원자는 아이들이 제안한 해결책을 빠짐없이 연기한다.

**토론하기** 두 사람은 어떻게 그 해결책에 도달하게 되었나? 정말로 두 사람 모두 만족하고 있는가?

### 6. '영화 또는 동화' 연출하기

해결책을 찾기 어려울 때에는, 아이들에게 영화나 동화 속에서는 그 갈등이 어떻게 해결될지 상상해 보라고 한다. 아이들은 모둠으로 나뉘어 한 가지 갈등 사례를 선택한 다음, 모든 것이 가능한 영화나 동화 속의 한 장면처럼 연출을 한다.

### 7. 마무리 게임 인간 매듭

7~8명의 아이들이 둥글게 둘러서서 눈을 감은 채 손을 앞으로 뻗어 다른 아이의 손을 찾아서 잡는다. 모든 손이 다른 손과 연결되면 눈을 뜨고 이 매듭을 풀기 위해 노력한다. 이 게임은 모든 과정을 말없이 침묵 속에서 해야 한다.

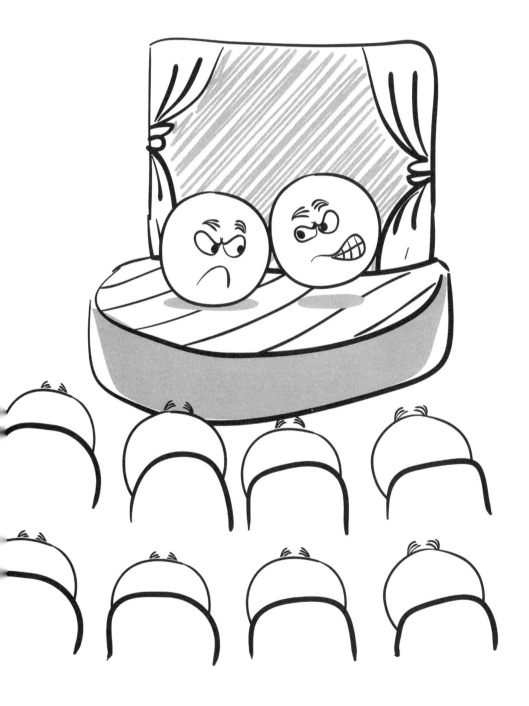

# 두려움(1)

### 워크숍 개요

1. **눈 감고 걸어 다니기,** 돌아가면서 경험 이야기하기

2. **두려움의 경험: 문장 완성 게임**

3. **몸으로 느끼는 두려움:** 두려움을 느끼는 신체 부위 찾기, **돌아가면서 이야기하기**

4. **진행자의 설명**

5. **두려움에 맞서는 방법, 돌아가면서 이야기하기**

### 워크숍 목표

- 어린이들에게 두려움을 표현하고 나눌 기회를 준다.

- 두려움을 억누르지 않고 극복하는 방법을 찾아낸다.

- 상상력을 자극한다.

- 마음을 나누고 협력하는 것을 격려한다.

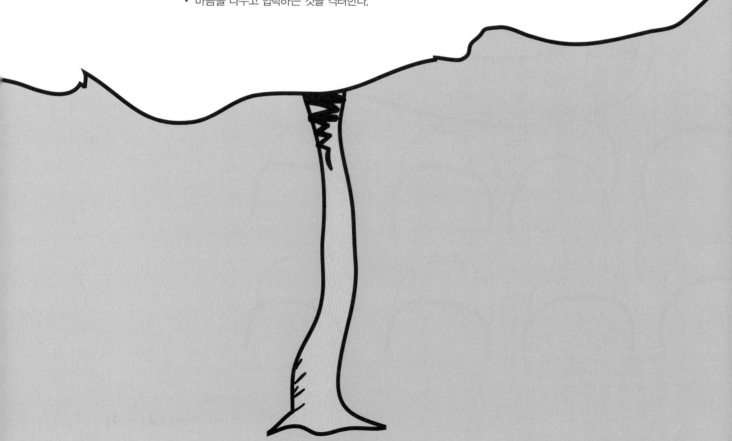

## 1. 눈 감고 걸어 다니기

모든 어린이들이 각자 방의 한 곳을 정해서 그곳에 가서 선다. 옆 사람과는 40~60㎝ 정도의 간격을 유지한다. 진행자가 신호를 하면 아이들은 눈을 감고 가고 싶은 대로 걷기 시작한다. 이때 **침묵을 지켜야 하며 팔을 몸에 붙이고 걸어야 한다.** 진행자의 "정지!" 신호를 들으면 그 자리에 그대로 멈춘 뒤 주위에 몇 명이 있는지, 그들과의 거리가 얼마나 되는지를 눈을 감은 채로 주변을 더듬지 않고 추측해 본다. 이렇게 말해 주면 도움이 된다. "여러분 앞이나 뒤, 왼쪽이나 오른쪽에 다른 사람이 있나 없나 짐작해 보세요. 눈을 뜨지 말고 눈을 계속 감은 채로요." 약 20초 후에 눈을 뜨고 짐작이 맞았는지 확인해 본다. 이 게임을 두 번 한다.

**참고** 아이들이 어떻게 움직이는지, 움직임이 얼마나 안정되어 보이는지, 몰려다니는지 아니면 혼자서 마음 놓고 움직이는지, 손을 뻗어 더듬는지 아니면 팔짱을 끼고 걷는지, 키득대거나 속닥거리는지 눈여겨본다. 특히 불안감의 징후가 나타나는지 잘 살펴본다.

**돌아가면서 경험 이야기하기** 걷는 동안 느낌이 어땠는지, 두려움을 느꼈는지, 그렇다면 무엇에 대한 두려움이었는지, 짐작한 것이 맞았는지 이야기한다.


## 2. **두려움의 경험** 문장 완성 게임

돌아가면서 아래 문장들을 빠르게 완성해 간다.

- 나는 ……처럼 겁이 납니다.(예: 토끼)
- 나는 무서워서 …….(예: 몸이 얼어붙었습니다.)
- 무서울 때 나는 ……하고 싶어요.(예: 소리를 지르고)


## 3. **몸으로 느끼는 두려움** 두려움을 느끼는 신체 부위 찾기

사람 몸의 윤곽만 그려진 종이를 아이들에게 나누어 주고 이렇게 말한다. 겁이 날 때 몸의 어디에서 두려움이 느껴지는지 표시해 보세요. 어디에서 시작해서, 어디로 퍼져 나가는지, 무슨 색인지, 얼마나 강하고, 어느 정도의 크기인지……. 색으로도 표현해 보세요.

**돌아가면서 이야기하기** 어디에서 어떻게 두려움을 느끼나요? (아이들이 그림을 보여 주고 설명한다.)

### 4. 진행자의 설명

두려움에 대해 말할 때 우리는 대체로 우리를 괴롭히는 두려움을 생각합니다. 하지만 어떤 두려움은 우리에게 도움이 되기도 합니다. 우리가 위험을 피할 수 있도록 경고해 주기 때문이지요. (예: 자동차 경적 소리, 갑작스러운 움직임)

## 5. 두려움에 맞서는 방법들

여러분은 두려움과 어떻게 싸웁니까? 두려움을 없애기 위해 어떤 행동을 합니까?

**돌아가면서 이야기하기**

# 두려움(2)

### 워크숍 개요

1. **돌아가면서 이름 말하기:** 겁이 난 것처럼 작은 소리로
2. **두려운 것 떠올리기:** 무서운 상황, 존재, 사물, 사람 생각해 내기
3. **내가 제일 두려워하는 것 그리기,** 돌아가면서 이야기하기
4. **두려움에 맞서도록 도와주는 도우미, 돌아가면서 이야기하기:** 나의 도우미는 무엇이고 어떻게 불러내는가?
5. **두려움 막는 방패: 모둠 활동, 돌아가며 보여 주기:** 모둠별로 방패를 보여 주고 설명한다.
6. **마무리 게임:** 줌-바

### 워크숍 목표

- 어린이들에게 두려움을 표현하고 나눌 기회를 준다.
- 두려움을 억누르지 않고 극복하는 방법을 찾아낸다.
- 문제 상황을 긍정적으로 대하는 태도를 기른다.
- 상상력을 자극한다.
- 마음을 나누고 협력하는 것을 격려한다.

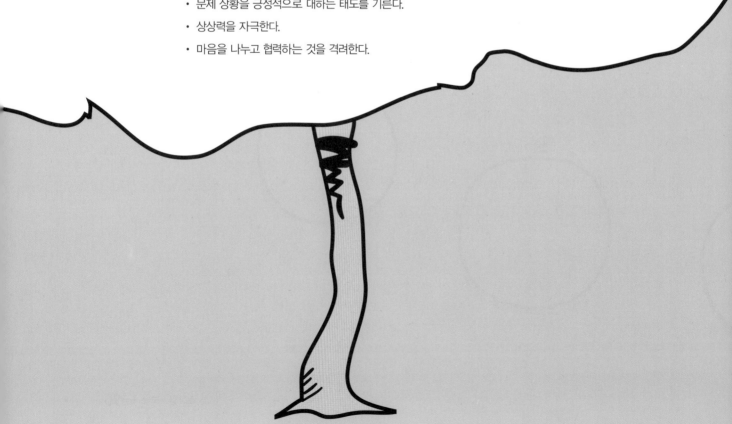

## 1. 돌아가면서 이름 말하기

겁이 난 것처럼, 이름을 작은 목소리로 속삭여 보세요.

## 2. 두려운 것 떠올리기

눈을 감고 지금 내가 무서워하는 것이나 전에 무서워했던 상황, 괴물, 사물, 사건 또는 사람을 머릿속에 떠올려 보세요. (1분)

## 3. 내가 제일 두려워하는 것 그리기

무엇이 여러분을 두렵게 만드나요? 여러분은 무엇이 무서워요? 무엇을 두려워하는지 그려 보세요.

**돌아가면서 이야기하기**

## 4. 두려움에 맞서도록 도와주는 도우미

우리를 괴롭히는 두려움을 이겨 내기 위해 무엇을 할 수 있을까요? 우리는 상상력을 이용해서 두려움에 대처할 수 있습니다. 눈을 감고 여러분을 불필요하게 두렵게 하는 것들을 모두 없애 줄 도우미가 있다고 상상하세요. 이 도우미는 동화에 나오는 요정일 수도 있고, 실제 사람, 상상 속의 사람일 수도 있고 어떤 사물일 수도 있습니다. 여러분이 도움이 필요할 때 도우미를 어떻게 불러올지, 그 방법을 생각해 두는 것이 중요합니다.

**돌아가면서 이야기하기** 여러분의 도우미는 누구(또는 무엇)이며, 어떻게 불러냅니까?

## 5. 두려움 막는 방패

**모둠별 활동** 이제 네 명씩 모둠을 만들어서 두려움으로부터 우리를 지켜 줄 방패를 만들 거예요. 이 방패는 여러분이 두려움을 물리치는 데 도움이 되는 모든 것을 담고 있어야 한다. 내가 아주 무서워하는 것을 하나 그린 다음, 그 그림에 이것저것 그려 넣어서 우스꽝스럽게 만들어도 되고, ……, 여러분의 도우미를 그려도 됩니다. 방패를 어떤 모습으로 만들지는 여러분 마음대로 정하세요. (각 모둠에 큰 종이를 한 장씩 나누어 준다. 모둠원들이 각자 구역을 정해서 따로따로 그려도 좋고, 무엇을 그릴지 다 같이 정한 다음에 함께 그려도 좋다.)

**돌아가며 보여 주기** 각 모둠의 대표가 나와서 방패를 보여 주고 설명한다.

## 6. 마무리 게임 줌-바(ZOOM-BA)

한 사람이 "줌!"이라고 말하면 옆 사람이 재빠르게 "줌!"이라고 받아서 다시 자기 옆에 앉은 사람에게 넘긴다. 누군가가 "바!"라고 말할 때까지 계속 옆 사람에게 "줌!"을 넘긴다. "바!"라고 말하는 사람이 나타나면, "줌!"은 (누군가 "바!"라고 말할 때까지) 반대 방향으로 돌기 시작한다.

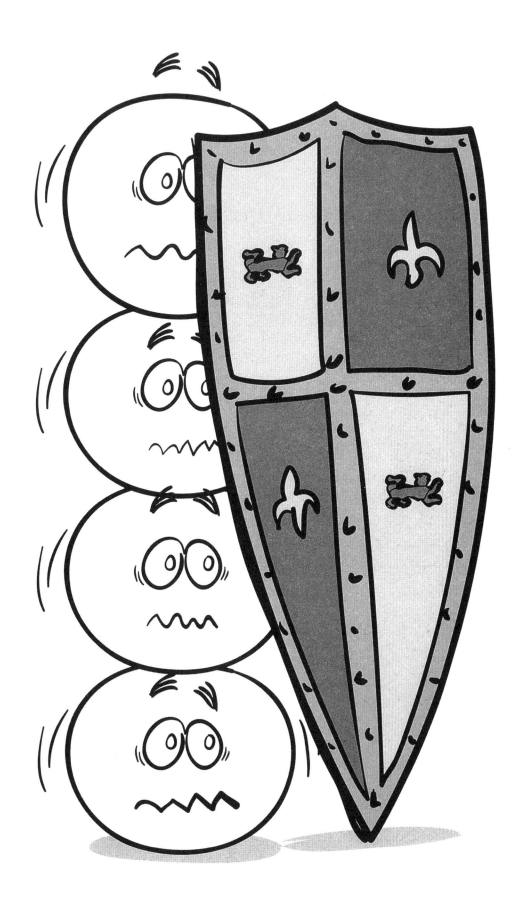

# 슬픔

**워크숍 개요**

1. 슬픈 얼굴 그리기

2. **나를 슬프게 하는 것:** 돌아가면서 이야기하기

3. **몸으로 느끼는 슬픔:** 슬픔을 느끼는 신체 부위 찾기, 돌아가면서 이야기하기

4. **슬플 때 하는 행동:** 혼자 있기를 바라나요? 아니면, 누군가 옆에 있어 주기를 바랍니까? 누구에게 같이 있어 달라고 부탁하나요? 돌아가면서 이야기하기

5. **여러분은 잘 우는 편입니까?:** 가장 최근에 운 것이 언제인가요? 돌아가면서 이야기하기

6. **진행자의 설명**

7. **자신에게 미소 짓기,** 돌아가면서 이야기하기: 지금 느낌이 어떤가요?

8. **슬픔을 느끼지 않기 위해 무엇을 하나요?,** 돌아가면서 이야기하기

9. 다른 사람들이 어떻게 해 주면 기분이 좋아집니까? **돌아가면서 이야기하기**

10. **모델 놀이:** 조각가와 조각상

11. **돌아가면서 이야기하기:** '조각가와 조각상' 놀이를 하면서 기분이 어떠했는가? 기분이 달라지는 걸 느꼈는가? 그렇다면 어느 순간에 그랬는가?

12. **마무리 게임:** 기쁜 조각상 되기

**워크숍 목표**

• 어린이들에게 슬픔을 표현하고 그에 관해 이야기를 나눌 기회를 준다.

• 슬픔을 극복하는 방법을 찾는다.

• 우정을 키운다.

**1. 슬픈 얼굴 그리기** 슬픈 얼굴을 그려 보세요. (각자 그림을 그린다.)

**2. 나를 슬프게 하는 것** 여러분을 슬프게 하는 것은 무엇인가요?

**돌아가면서 이야기하기**

**3. 몸으로 느끼는 슬픔** 슬픔을 느끼는 신체 부위 찾기

여러분은 몸의 어디에서 슬픔을 느낍니까? 그 슬픔은 무슨 색입니까? (아이들에게 사람 몸의 윤곽이 그려진 그림을 주고, 어디에서 어떻게 슬픔이 느껴지는지 표시하도록 한다.)

**돌아가면서 이야기하기** 어디에서 슬픔을 느낍니까? 슬픔은 어떻게 생겼습니까?

**4. 슬플 때 하는 행동** 혼자 있기를 바라나요? 아니면, 누군가 옆에 있어 주기를 바랍니까? 누구에게 같이 있어 달라고 부탁하나요?

**5. 여러분은 잘 우는 편입니까?**

**진행자의 설명** 우는 것은 좋은 겁니다. 울면 마음이 진정되고 긴장이 풀립니다. 가장 최근에 운 것이 언제인가요?

**돌아가면서 이야기하기**

**6. 진행자의 설명**

자기 자신에게 미소 짓는 법을 아는 것도 중요합니다. 다 같이 한번 해 볼까요?

**7. 자신에게 미소 짓기**

눈을 감고 미소를 지으세요. 제가 "그만!" 할 때까지 계속하세요. (1분 동안 미소 짓게 한다.)

**돌아가면서 이야기하기** 지금 기분이 어떤가요?

**8. 슬픔을 느끼지 않기 위해 하는 일**

여러분은 슬픔을 느끼지 않기 위해 무엇을 하나요?

**돌아가면서 이야기하기**

**9. 다른 사람들이 어떻게 해 주면 기분이 좋아집니까? 친구들은? 부모님은?**

**돌아가면서 이야기하기**

**10. 모델 놀이** 조각가와 조각상

기분이 좋아지도록 서로 돕는 방법에는 또 어떤 것이 있을까요? (두 모둠을 만든다. 한 모둠의 아이들은 일어서서 '슬픈 조각상'이 된다. 자신이 슬플 때 보통 하는 자세를 취한다. 두 번째 모둠은 슬픈 조각상을 행복한 조각상으로 바꾸는 조각가 역할을 한다. 조각가들은 조각상의 손, 다리, 목, 머리 등을 움직일 수 있는데, 한 명의 조각가가 각 조각

상에서 **한 가지만을 바꿀 수 있다.** 즉, 한 조각상에서 한 가지를 바꾸고 나면 다음 조각상으로 이동한다.) 조각가들은 작업이 모두 끝나면 작품을 평가한다. 공동으로 만든 작품들이 만족스러운지 본다. (조각상들은 게임이 진행되는 동안 움직이지 않고 계속 서 있는다. 약 7분) 평가가 끝나면, 서로 역할을 바꾸어서 다시 한다.(약 7분)

**돌아가면서 이야기하기**

- 조각가 역할을 하면서 느낌이 어떠했는가?
- 조각상 역할을 하면서 느낌이 어떠했는가?
- 기분이 바뀌었다면 언제 그랬는가?

**11. 마무리 게임** 기쁜 조각상 되기

다 함께 기쁜 자세를 취해 봅시다. 모두 기쁜 조각상이 되어 보세요. (가능하면 사진을 찍어 둔다.)

# 나의 소원

**워크숍 개요**

1. 몸으로 느낌 표현하기

2. 원하는 것이 있을 때 하는 행동, 돌아가면서 이야기하기

3. **소원을 들어주는 요정:** 소원 상상해서 그림으로 표현하기, 돌아가면서 이야기하기

4. **소원 포스터 만들기**

5. **마법 기계:** 상상하고 그림으로 표현하기, 돌아가면서 이야기하기

6. **마무리:** 행복할 때 나는 …… 같은 느낌이에요.

**워크숍 목표**

• 상상력과 긍정적인 느낌을 기른다.

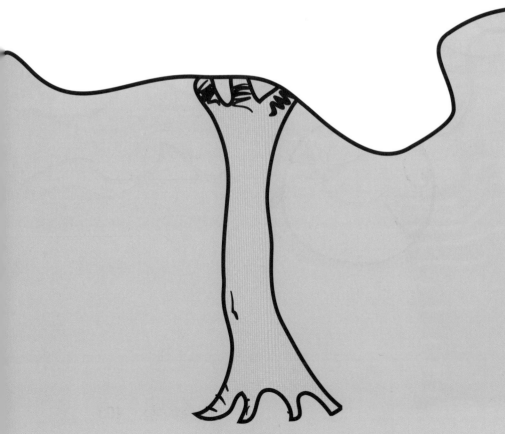

**1. 몸으로 느낌 표현하기** 한 아이가 자기 느낌을 몸으로 표현하면 나머지 아이들이 동시에 그 아이의 표정과 동작, 자세를 따라 한다.

**2. 원하는 것이 있을 때 하는 행동**

여러분은 원하는 것을 얻기 위해서 주로 어떻게 합니까? 원하는 것이 있을 때 부모님께 어떻게 부탁하나요? **아이들이 돌아가면서 이야기한다.**

**3. 소원을 들어주는 요정**

눈을 감으세요. 소원을 들어주는 요정이 방금 눈앞에 나타났다고 상상해 봅시다. 그 요정이 들어주었으면 하는 여러분의 소원은 무엇입니까? 눈을 뜨고, 그 소원을 그림으로 표현해 보세요.

**돌아가면서 이야기하기** 이 활동을 하는 동안 어떤 느낌이 들었습니까? 소원은 무엇이었습니까?

**4. 소원 포스터 만들기** 아이들의 소원을 모두 벽에 붙인다. (비슷한 소원이나 서로 보완적인 소원들을 한데 모아서 붙여도 된다.)

**5. 마법 기계**

다시 눈을 감고 소원을 들어주는 마법 기계가 눈앞에 있다고 상상해 봅시다. 그 기계는 어떻게 생겼습니까? 그 기계는 무엇을 할 수 있고 어떤 소원들을 들어줄 수 있습니까? 어떻게 켜야 할까요? 먼저 상상 속에서 그 기계를 만들어 본 다음, 그림으로 표현해 보세요.

**돌아가면서 그림 보여 주고 설명하기**

**6. 마무리** 행복할 때 나는 ……(예: 날아다니는 것) 같은 느낌이에요. (처음에는 말로 하고, 두 번째 돌아갈 때에는 얼마나 행복한지를 몸으로 보여 준다.)

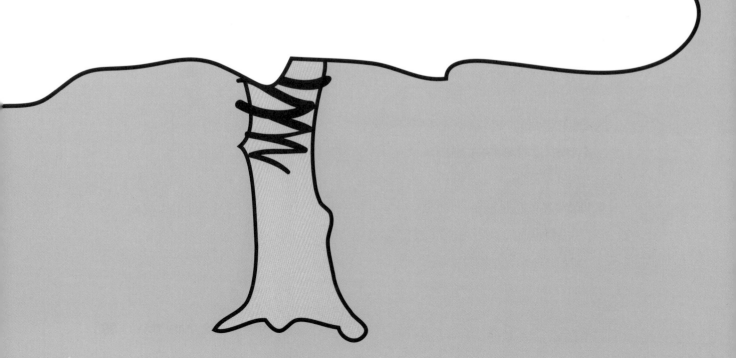

WORKSHOP

**24**

# 나, 그리고 남들이 보는 나

## 워크숍 개요

1. 여러분의 몸은 어떤 소리를 낼 수 있습니까? 보여 주고 따라 하기

2. **자화상 그리기**, 자기 느낌 적어 넣기

3. **새 자화상을 두 번째 워크숍에서 그린 자화상과 비교하기**

   돌아가면서 이야기하기: 그림 보여 주고 설명하기, 무엇이 바뀌었나? 왜 바뀌었나?

4. 어른이 되었을 때 어떤 모습이 되고 싶은지 그려 보세요.

   돌아가면서 이야기하기: 그림 보여 주고 설명하기

5. 자신의 어떤 점이 마음에 듭니까? 돌아가면서 이야기하기

6. 엄마/아빠는 여러분의 어떤 점을 가장 좋아합니까? 돌아가면서 이야기하기

7. 친구들은 여러분의 어떤 점을 가장 좋아합니까? 돌아가면서 이야기하기

8. **신뢰 연습:** 짝을 지어 쭈그리고 앉았다가 일어서기

## 워크숍 목표

- 자기 자신에 대해 알기: 자신의 특징, 남과 다른 점과 비슷한 점을 파악한다.

1. 여러분의 몸은 어떤 소리를 낼 수 있습니까? 몸으로 낼 수 있는 소리를 찾아낸 사람은 손을 들고 소리를 내는 동작을 한다. 다른 아이들은 그 행동을 따라 한다.

2. **자화상 그리기** 종이(A4)에 자기 모습을 그려 보세요. 아이들이 그림 그리기를 마치면 이렇게 말한다. 만화를 보면 말풍선에 생각이 쓰여 있지요? 자, 이제 말풍선을 그려 넣고 오늘 어떤 느낌이 들었는지, 지금 기분이 어떤지 표현해 봅시다. 자기 느낌을 나타내는 색깔을 고르세요. 오늘 기분이 이랬다저랬다 했으면 여러 가지 색으로 표시합니다.

3. **새 자화상을 두 번째 워크숍에서 그린 자화상과 비교하기**
이제 두 번째 워크숍에서 그린 자화상을 아이들에게 나누어 준다.
**돌아가면서 이야기하기** 여러분이 예전에 그린 자화상을 보여 주고 비교하여 설명해 보세요. 두 번째 워크숍부터 지금까지 자신의 어떤 점이 바뀌었습니까? 왜 그렇게 바뀌었습니까?

4. 여러분이 어른이 되었을 때 어떤 모습이 되고 싶은지 그려 보세요. 어른이 되었을 때 어떤 점이 달라졌으면 좋겠어요? **아이들이 돌아가면서 그림을 보여 주고 설명한다.**

5. 여러분은 자신의 어떤 점이 마음에 듭니까?
여러분의 어떤 특징들을 좋아합니까? **아이들이 돌아가면서 이야기한다.**

6. 여러분이 보기에 엄마는 여러분의 어떤 점을 제일 좋아하시나요? 그리고 아빠는요?
친구들은 여러분의 어떤 점을 가장 좋아합니까? **아이들이 돌아가면서 이야기한다.**

7. **신뢰 연습** 두 사람이 등을 대고 서서 상대방과 팔짱을 낀다. 그 상태에서 쭈그려 앉았다 일어서기를 7~8번 한다.

# 우정

## 워크숍 개요

1. **준비 게임:** 얼굴 표정을 보내고, 받고, 바꾸기

2. **"우정이란 ……하는 것이다.":** 돌아가면서 이야기하기

3. **"…… 하는 것은 우정이 아니다.":** 돌아가면서 이야기하기

4. **짝을 지어 몸의 윤곽 그리기**

   다른 친구에 대한 긍정적이고 개인적인 메시지 글로 쓰거나 그림으로 그려 주기

5. **'비밀 친구' 게임:** 규칙 설명, 비밀 친구 선택하기

## 워크숍 목표

- 우정 개념을 깨닫는다.
- 새로운 친구를 만든다.

**1. 준비 게임** 얼굴 표정을 보내고, 받고, 바꾸기

진행자가 먼저 옆의 어린이에게 특이한 얼굴 표정을 지어 보인다. 표정을 받은 아이가 그 것을 흉내 낸 다음, 자기 나름의 표정을 덧붙여서 옆 사람에게 보낸다. 이런 식으로 계속 이어 간다.

**2. 문장 완성하기 게임**

돌아가면서 "우정이란 ……하는 것이다."라는 문장을 완성하고, 우정에 관한 의견과 경험 을 이야기한다.

**3. 문장 완성하기 게임**

돌아가면서 "……하는 것은 우정이 아니다."라는 문장을 완성하고, 우정이 없거나 그에 반대되는 상황 또는 행동에 관해 이야기한다.

**4. 짝을 지어 몸의 윤곽 그리기**

둘씩 짝을 지은 다음, 교대로 상대방 몸의 윤곽을 그린다. (한 아이가 큰 종이 위에 누우 면 다른 아이가 누운 아이의 몸의 윤곽을 그린다. 다 끝나면 역할을 바꾼다.) 그런 다음, 각자 자기 몸 그림에 자기 이름을 써 넣는다.

**전체 활동** 모든 아이들이 다른 아이들의 몸 그림 하나하나 안에, 그 사람에 대한 다정하 고 따뜻한 메시지를 글이나 그림으로 표현한다.

**5. '비밀 친구'(마니또) 게임**

**규칙 설명** 진행자는 어린이들이 상자에서 종이를 한 장씩 뽑게 될 거라고 알려 준다. 이 종이에는 반 친구 중 한 명의 이름이 적혀 있다. 이름을 뽑은 사람만 그것을 알고, 다른 사람에게는 비밀이다. 이름을 뽑은 사람은 다음 워크숍 때까지 이름이 뽑힌 사람의 비밀 친구가 된다. 그래서 작은 관심의 표시(그림, 다정한 메시지, 사탕, 또는 그 친구가 좋아하는 것)를 보내거나 도움을 주거나 기쁘게 해 준다. 이 게임에서는 모두가 비밀을 지키는 것이 아주 중요하다. 상대방이 눈치 채지 못하도록 비밀리에 해야 한다. 그래서 선물을 할 때에는 다른 사람에게 부탁하거나 몰래 의자에 놓아두는 등의 방법을 써야 한다. 선물에는 "비밀 친구로부터"라고 쓴다.

**비밀 친구 선택하기** 진행자는 작은 종이에 반 아이들의 이름을 하나씩 써서 상자에 담는다. 전체 수가 홀수일 때에는 진행자의 이름을 써 넣는다. 아이들이 한 명씩 상자에서 종이를 뽑아 다음 워크숍 때까지 자기가 비밀 친구 노릇을 해야 할 친구의 이름을 다른 사람 몰래 읽는다. 이름을 확인한 후에는 종이를 감추어서 비밀로 한다. 자기 이름을 뽑은 아이는 그 종이를 상자에 도로 넣고 다시 뽑는다.

# 비밀 친구

**워크숍 개요**

1. **준비 게임:** 소리를 보내고 받고, 바꾸기

2. **비밀 친구 찾아내기**

3. **'비밀 친구' 게임의 경험 나누기**

4. **가족들을 기쁘게 할 방법 준비하기:** 아이디어 나누기

5. **마무리 게임:** 코끼리와 야자수

**워크숍 목표**

- 다정한 관심 표현을 주고받을 동기를 유발한다.

**1. 준비 게임** 소리를 보내고, 받고, 바꾸기

진행자가 먼저 옆에 있는 아이에게 특이한 소리를 보낸다. 소리를 받은 아이가 그것을 따라 한 다음, 자기 나름의 소리를 덧붙여서 옆 사람에게 보낸다. 이런 식으로 계속 이어 간다.

**2. 비밀 친구 찾아내기** 참가자들이 둥글게 둘러앉는다. 한 아이가 가운데로 나와서 눈을 감고 선다. 그러면 그 아이의 비밀 친구도 앞에 나와 선다. 가운데에 선 아이가 눈을 감은 채로 비밀 친구의 얼굴을 만져 보면서 누구인지 알아맞힌다. 맞히면 자기 자리로 돌아가고, 이번에는 비밀 친구였던 아이가 가운데로 가서 눈을 감고 자기 비밀 친구를 알아맞힌다.

**3. '비밀 친구' 게임의 경험 나누기**

어떻게 하면 선택된 친구를 행복하게 해 줄 수 있을지 궁리했던 경험, 그리고 무엇을 해 주었는지, 비밀 친구로부터 메시지나 선물을 받았을 때 느낌이 어땠는지 등을 이야기한다.

**4. 가족들을 기쁘게 할 방법 준비하기** 아이디어 나누기

아이들이 부모님과 형제자매, 친척들을 기쁘게 해 줄 방법에 관한 아이디어를 함께 나누면서 서로 연결한다. 누구에게, 어떻게 즐거운 놀라움을 안겨 줄지를 정한 다음, 모든 아이들과 그 생각을 나눈다.

**5. 마무리 게임** 코끼리와 야자수

모두가 둥그렇게 선다. 한 아이가 원의 가운데에 서서 임의로 다른 아이들을 가리키면서 "코끼리!" 또는 "야자수!"라고 말한다. 코끼리로 지목된 아이는 몸을 굽히고 두 팔을 모아 코끼리의 코 흉내를 낸다. 그 아이의 왼쪽과 오른쪽에 선 아이들은 각각 왼손/오른손을 들어 코끼리의 귀를 만든다. 야자수로 지목된 아이는 양팔을 들고, 그 왼쪽과 오른쪽에 선 아이들은 팔을 구부려서 야자수의 가지를 만든다.

# 사랑

## 워크숍 개요

1. **돌아가면서 이름 말하기:** 자기 이름을 다정하게 말하기

2. **문장 완성 게임:** "사랑은 ……(하는 것)입니다." "……(하는 것)은 사랑이 아닙니다."

3. **사랑 표현하기:** 돌아가면서 보여 주기

4. **사랑을 느끼는 신체 부위 찾기**

   **돌아가면서 이야기하기:** 몸의 어디에서 사랑을 느끼나? 그것은 어떻게 생겼나?

5. **사랑의 표현:** 다른 사람들이 여러분에게 어떻게 사랑을 표현해 주면 좋겠습니까?

6. **마무리 게임:** 옆 사람에게 기분 좋은 말 해 주기

## 워크숍 목표

- 사랑과 사랑이 아닌 것을 구별할 수 있게 되고, 사랑의 경험을 표현할 수 있게 된다.

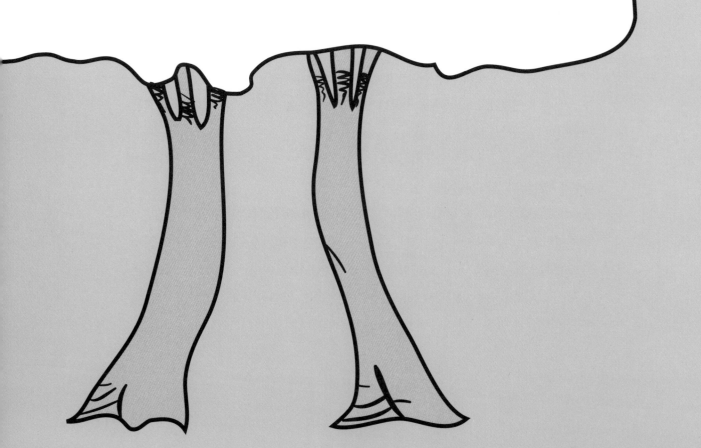

1. **돌아가면서 이름 말하기** 자기 이름을 다정한 목소리로 말해 보세요.

2. **문장 완성 게임** 돌아가면서 다음 문장을 번갈아 완성한다. "사랑은 ……(하는 것)입니다." "……(하는 것)은 사랑이 아닙니다."

3. **사랑 표현하기**

   **돌아가면서 보여 주기** 여러분은 어떻게 사랑을 표현하겠습니까?

   • 눈만 가지고

   • 입만 가지고

   • 얼굴 전체로

   • 손으로

   • 몸 전체를 써서

4. **사랑을 느끼는 신체 부위 찾기**

   몸의 어디에서 사랑을 느낍니까? 여러분의 사랑은 무슨 색깔입니까? 사람 몸의 윤곽이 그려진 그림을 한 장씩 나누어 주고, 어디에서 어떻게 사랑을 느끼는지 표시하도록 한다.

   **돌아가면서 이야기하기** 어디에서 사랑을 느낍니까? 그것은 어떻게 생겼습니까?

5. **사랑의 표현**

   여러분은 다른 사람들이 사랑을 어떻게 표현해 주기를 바라나요? 엄마, 아빠, 남자 친구들, 여자 친구들은……?

6. **마무리 게임**

   옆에 앉은 사람에게 기분 좋은 말을 해 주세요.

# 어린이의 권리

## 워크숍 개요

1. **돌아가면서 이름 말하기:** 작게, 크게, 더 크게

2. **돌아가면서 이름 말하기:** 크게, 작게, 더 작게

3. 어린이들에게도 권리가 있을까요? 어떤 권리가 있을까요?

4. 가장 중요한 권리는? 토론해서 결정하기

5. 어떤 권리들이 존중받지 못합니까? 그러한 권리를 존중하지 않는 사람들은 누구입니까?
   돌아가면서 이야기하기

6. 어떻게 하면 어른들이 어린이들의 권리를 존중하도록 할 수 있을까요? 돌아가면서 이야기하기

7. 어린이의 권리를 존중하지 않는 어른들에게 보내는 **경고 사인 그리기,** 돌아가면서 이야기하기

8. **마무리 게임: 반짝반짝**

## 워크숍 목표

- 어린이들이 자신들의 권리를 의식하게 돕는다.
- 권리를 존중받는 방법을 찾아본다.
- 긍정적인 느낌을 가지게 한다.

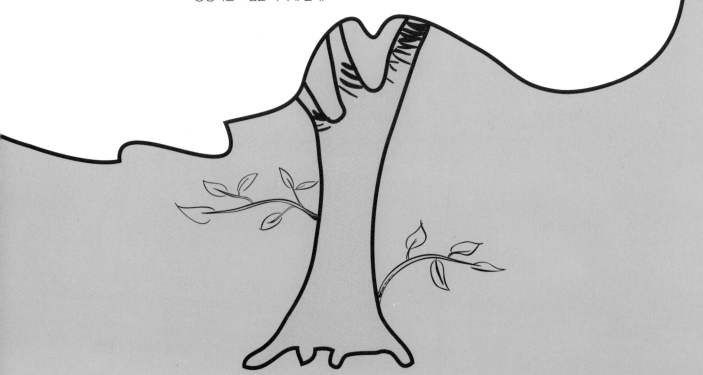

**1. 돌아가면서 이름 말하기** 작게, 크게, 더 크게

첫 번째 어린이가 작은 소리로 자기 이름을 말하면, 두 번째 어린이가 좀 더 크게 말하고, 세 번째 어린이는 다시 더 크게 말하는 식으로 이어 간다.

**2. 돌아가면서 이름 말하기** 크게, 작게, 더 작게

첫 번째 어린이가 아주 큰 소리로 자기 이름을 외치면, 두 번째 어린이가 그보다는 조금 덜 큰 소리로 말하고, 세 번째 어린이는 다시 더 작은 소리로 말하는 식으로 이어 간다.

**3.** 어린이들에게도 권리가 있을까요? 어떤 권리가 있을까요?
**돌아가면서 이야기하기**

**4. 가장 중요한 권리는?**

어린이의 권리 중에서 가장 중요한 것이 무엇인지 함께 토론하여 결정한다. 필요하면 진행자가 다음과 같은 말로 도움을 줄 수 있다. 어린이들은 놀 권리가 있고, 좋아하는 것을 먹을 권리가 있고, 사랑하는 사람들과 함께 있을 권리가 있고, 자기 의견을 가질 권리가 있고, 궁금한 것을 물어볼 권리가 있고, 친구를 가질 권리가 있고, 배울 권리가 있고, 필요할 때 도움을 받을 권리가 있습니다.

**5.** 여러분의 권리 중에 존중받지 못하는 권리들은 무엇입니까?
그 권리를 존중하지 않는 사람들은 누구입니까?
**돌아가면서 이야기하기**

**6.** 어떻게 하면 어른들이 어린이들의 권리를 존중하도록 할 수 있을까요?
**돌아가면서 이야기하기**

## 7. 경고 사인 그리기

여러분의 권리를 존중하지 않는 사람에게 (운동 경기에서 레드카드나 옐로카드를 꺼내 들듯이) 보여 줄 사인을 만들어 봅시다. 그 사인이 어떤 모양일지, 그 사인에 무엇을 그릴지 생각해 보세요. 어떤 사인이 누구 것인지 바로 알아볼 수 있어야 합니다. 그리기가 끝나면 다음으로 넘어간다.

**돌아가면서 이야기하기** 여러분이 그린 경고 사인을 친구들에게 보여 주고 설명해 보세요.

### 8. 마무리 게임 반짝반짝

모두 둥그렇게 선다. 진행자가 "그만!" 할 때까지 한 아이가 원의 안쪽을 따라 걷는다. 아이가 멈추어 선 자리 앞에 있는 사람이 이 아이와 함께 원의 가운데로 간다. 둘이 마주보고 선다. 다른 아이들은 셋까지 센다. "셋!"에서 두 사람은 오른쪽이나 왼쪽 가운데 어느 쪽이든 자신이 원하는 쪽으로 고개를 돌린다. 둘이 같은 쪽으로 고개를 돌리면 양손을 들고 흔든다(반짝반짝). 방향이 서로 다르면, 양손을 들어 상대방의 양손을 마주 친다(양손 하이파이브). 그런 다음, 두 번째 아이가 원의 안쪽을 따라 걷기 시작한다. 모든 아이들이 원 안에 서게 될 때까지 게임을 계속한다.

# 내가 꿈꾸는 학교

## 워크숍 개요

1. **시작하는 게임:** 색깔 만지기

2. **긴장 풀기 및 진행자가 인도하는 상상 여행:** 내가 꿈꾸는 학교

3. **내가 꿈꾸는 학교 그리기:** 돌아가면서 이야기하기

4. **학교 바꾸기에 관한 제안:** 모두가 더 즐겁고 재미있게 다닐 수 있는 학교를 만드는 데 도움이 되는 제안들, 돌아가면서 이야기하기

## 워크숍 목표

- 상상력을 발휘한다.
- 적극적인 태도를 기른다.

**1. 시작하는 게임** 색깔 만지기

진행자가 한 가지 색깔을 말하면 모두가 다른 친구들이 입고 있는 옷에서 그 색을 찾아 손을 댄다.

**2. 긴장 풀기 및 진행자가 인도하는 상상 여행** 내가 꿈꾸는 학교

활동을 시작하기 전에 진행자가 다음과 같이 간단하게 설명한다.

• 이 활동이 끝날 때까지 계속 눈을 감고 있어야 합니다.

• 제 안내에 따라 먼저 긴장을 푼 다음, 상상 여행을 떠날 거예요.

모든 어린이가 편한 자세를 취하면, 진행자가 천천히 말을 하기 시작한다. 어린이들이 충분히 경험할 수 있도록 진행자는 천천히 말하고 중간 중간 적당한 곳에서 자주 말을 멈춘다.

**a. 긴장 풀기** 편안하게 숨을 쉬면서, 손의 긴장을 풀고, 이어서 발의 긴장을 풉니다. 머리와 목의 긴장이 풀리는 것을 느끼면서 천천히, 가장 편한 자세를 찾아보세요. 눈을 감으세요. 제가 상상 여행으로 여러분을 안내할 겁니다. 이제 서너 번 아주 깊이 숨을 쉬세요. (잠시 말을 멈춘다.) 좋습니다. 제가 말을 하는 동안, 여러분은 눈을 감은 채로 아주 행복한 장소로 간다고 상상하세요. (잠시 말을 멈춘다.)

**b. 진행자가 인도하는 상상 여행** 여러분이 원하는 대로 학교를 만들 수 있다고 상상해 보세요. 그 학교가 어떻게 생겼는지 상상해 보세요. 학교 건물을 상상해 보세요, 어떻게 생겼는지. (잠시 말을 멈춘다.) 교실을 상상해 보세요. 교실 안에는 무엇이 있나요? 누가 여러분을 가르치는지 상상해 보세요. 수업 시간표는 어떻게 생겼나요? 한 수업의 길이는 얼마나 되나요? 여러분이 꿈꾸는 그 학교에서 여러분은 무엇을 하고 있을까요? 쉬는 시간의 모습은 어떻습니까? 학교 운동장을 상상해 보세요. 운동장에는 무엇이 있나요? 그 학교 안에 있는 모든 것을 다 상상해 보세요.

### 3. 내가 꿈꾸는 학교 그리기

이제 선과 모양, 색을 이용해서 여러분이 상상했던 학교가 어떻게 생겼는지, 어떤 느낌이 들었는지, 무엇을 보고 어떤 경험을 했는지 표현해 보세요. 여러분의 경험을 종이에 표현해 보세요. 얼마나 잘 그리는가는 중요하지 않습니다. 그 그림이 여러분에게 어떤 의미가 있는지가 중요합니다. 그리기가 끝나면 다음으로 넘어간다.

**돌아가면서 이야기하기** 여러분이 꿈꾸는 학교는 어떤 모습입니까?

## 4. 학교 바꾸기에 관한 제안

학교를 모두가 더 즐겁고 재미있게 다닐 수 있는 곳으로 바꾸는 데 도움이 될 제안들을 이야기한다.

**돌아가면서 이야기하기**

WORKSHOP

**30**

# 자유롭게 나를 표현할 수 있어요

## 워크숍 개요

1. **준비 게임:** 동작 전달하고 바꾸기

2. **진행자의 설명:** 아이들도 자유롭게 의견을 말할 권리가 있다는 것을 설명한다.

3. 집에서 의견을 자유롭게 말하기가 어려웠던 때는 언제입니까? 왜 어려웠나요?
   돌아가면서 이야기하기

4. **인터뷰 게임:** 학교에서 어린이들이 자유롭게 의견을 말하지 못할 때는 언제이고,
   그 이유는 무엇입니까? 모둠별 활동

5. **기자의 보도:** 학교에서 어린이들이 자유롭게 의견을 말하지 못할 때는 언제이고,
   그 이유는 무엇인가?

6. 어떻게 하면 어린이들이 원하는 것을 자유롭게 말하도록 도울 수 있을까요?
   돌아가면서 이야기하기

7. **마무리 게임:** 무당벌레 도와주기

## 워크숍 목표

- 아이들도 자유롭게 자기 의견을 말할 권리가 있음을 의식하도록 돕는다.
- 자기 의견을 말하는 데 대한 두려움을 극복하도록 돕는다.

1. **준비 게임** 동작 전달하고 바꾸기 모두가 둥글게 둘러선다. 진행자가 특이한 동작을 지어서 옆에 있는 어린이에게 전달한다. 전달받은 어린이가 그 동작을 반복한 다음, 자기 나름의 동작을 덧붙여서 옆 사람에게 전달한다. 이런 식으로 계속한다.

2. **진행자의 설명** 어린이들이 의견을 자유롭게 말할 권리가 있고, 어른들은 어린이들의 의견을 귀 기울여 들어야 한다는 것을 설명한다(유엔아동권리협약 제12조).

3. 집에서 자유롭게 의견을 말하기가 어려웠던 때는 언제입니까? 왜 어려웠나요?
   **돌아가면서 이야기하기**

4. **인터뷰 게임** 학교에서 어린이들이 자유롭게 의견을 말하지 못할 때는 언제이고, 그 이유는 무엇입니까? 어린이들을 4~5명씩 모둠으로 나눈다. 모둠원 가운데 한 사람이 기자 역할을 맡아, 어린이들이 학교에서 자유롭게 의견을 말하지 못할 때는 언제이고 그 이유는 무엇인지에 대해 다른 모둠원들을 인터뷰한다. (필요하면 기자에게 필기도구를 준비해 준다.)

5. **기자의 보도** 학교에서 어린이들이 자유롭게 의견을 말하지 못할 때는 언제이고, 그 이유는 무엇인지에 대해 기자가 보도한다.

6. 어떻게 하면 어린이들이 원하는 것을 자유롭게 말하도록 도울 수 있을까요? **돌아가면서 이야기하기**

7. **마무리 게임** 무당벌레가 안전하게 여행하도록 도와주기
   진행자는 양 손바닥 사이에 무당벌레가 있다고 상상하며 옆 사람에게 무당벌레를 건네준다. 아이는 두 손으로 조심스럽게 이 상상의 무당벌레를 받아 옆 사람에게 건네준다. 모든 참가자들이 자유롭게 자기 나름의 방식으로 무당벌레를 받아서 건네준다.

# 프로그램에 대한 어린이들의 평가:
# 내 안의 변화

**워크숍 개요**

1. **워크숍 평가:** 세 가지 질문에 답하기

2. **내 안에서 일어난 변화에 대한 평가:** 내면에서 일어난 변화를 그림으로 그리기

   돌아가면서 이야기하기

3. **참가자들 사이에 일어난 변화에 대한 평가**

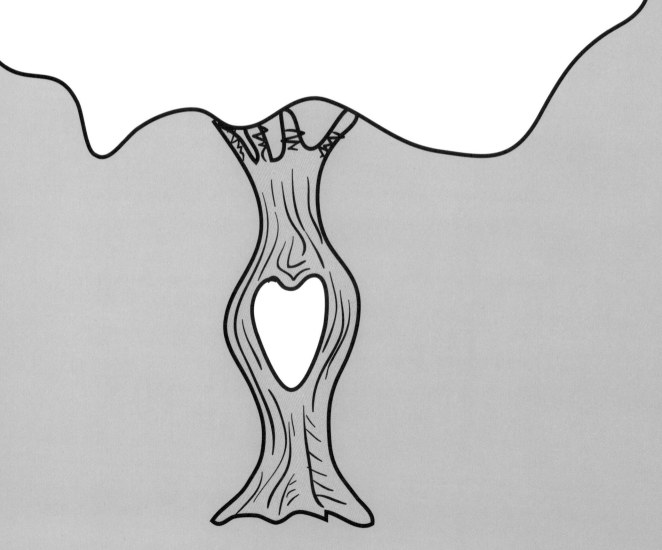

## 1. **워크숍 평가** 질문에 답하기

진행자는 이 활동이 전체 워크숍 프로그램을 평가하기 위한 것이라고 간략히 설명한다. 진행자가 어린이들에게, 그동안 각 워크숍이 끝날 때마다 만들어 벽에 붙인 그림, 상징들과 관련된 다음 세 가지 질문에 대해 생각하면서 그것들을 둘러보라고 권한다. 어린이들이 돌아가면서 이야기를 하고, 진행자는 어린이들의 답을 받아 적는다.

1) 워크숍에서 어떤 것이 즐거웠나? 가장 좋았던 점은 무엇인가? 이유는?

2) 마음에 들지 않았던 것이 있었나? 그것은 무엇이었나? 왜 마음에 들지 않았는가?

3) 가장 좋았던 워크숍은 무엇이었나?

## 2. 내 안에서 일어난 변화에 대한 평가

진행자가 어린이들에게 스스로를 들여다보고 자신 안에서 어떠한 변화가 생겼는지를 생각해 보라고 권한다. 그것을 색과 모양, 선, 상징을 이용해서 어떻게 그림으로 표현할 수 있을까? 이전에는 어떠했고 지금은 어떤가?

**모든 어린이가 프로그램 전과 후의 자기의 모습을 그림으로 그린다.**

그림 그리기가 끝나면, 그림에 제목을 붙여 보라고 한다. 어린이들이 상상력을 발휘하도록 격려해 주고, 변화가 있었든 없었든 진정으로 표현하는 것이 중요하다는 점을 강조한다.

**돌아가면서 이야기하기**

## 3. 참가자들 사이에 일어난 변화에 대한 평가

진행자가 참가자들 사이에 달라진 것이 있는지 살펴보라고 권한다.

**돌아가면서 이야기하기**

# 부모님들께
# 프로그램 결과 설명하기

진행자는 어린이들과 함께 작품 전시, 프로그램 소개, 평가 결과 발표를 준비한다.

## 워크숍 개요

부모님들과의 모임에서 할 일

**1. 전시**

**2. 프로그램 소개 및 평가 결과 발표**

**3. 부모님들의 논평**

**4. 어린이들이 워크숍에서 배운 내용 중에서 자기가 좋아하는 게임을 부모님들께 직접 가르치기**

**5. 긍정적인 메시지 교환**

- 부모님이 자녀들에게 써 주는 것: 나는 우리 아이의 어떤 점이 좋은가?

- 자녀가 부모님(보호자)께 써 드리는 것: 나는 우리 엄마(아빠, ……)의 어떤 점이 좋은가?

   **돌아가면서 이야기하기**(누구든 원하는 사람이): 지금 느낌이 어떠한가?

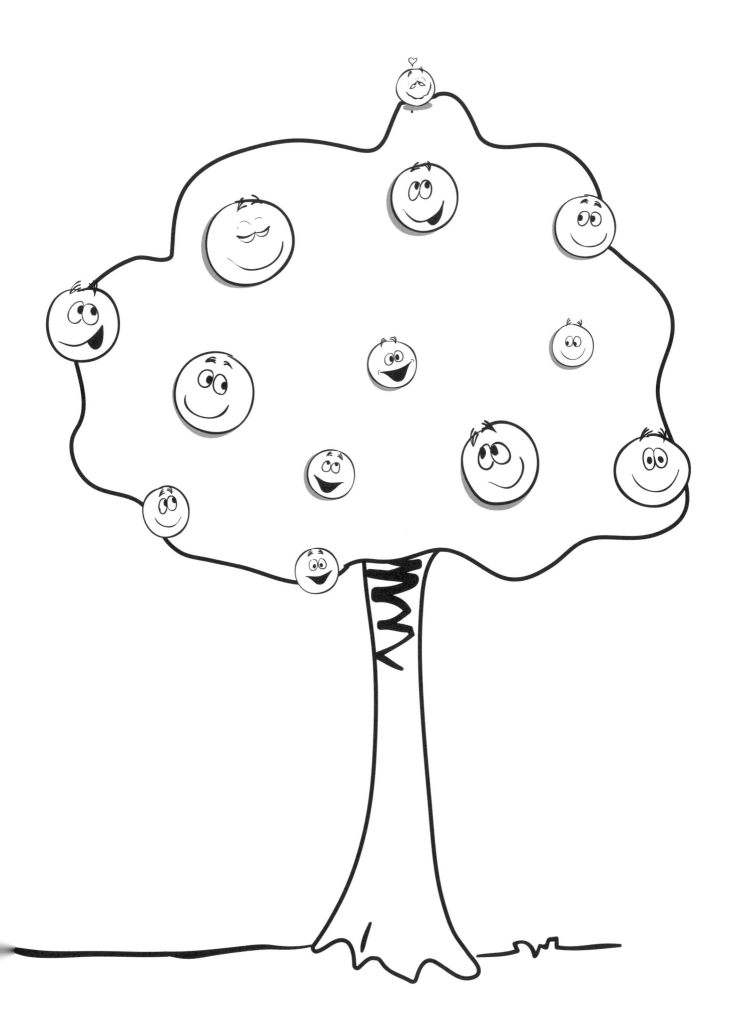

## ● REVIEW

　스마일 키퍼스 프로그램은 어린이들을 위해, 그리고 일상에서 어린이들을 상대하는 어른들을 위해 특별히 개발된 프로그램입니다. 이 프로그램은 어린이들의 삶에 변화를 가져다주는 여러 가지 재미있는 활동들에 어린이들을 적극적으로 참여시킵니다.

　이 프로그램의 워크숍들은 심리 성장의 상호작용 이론(사회적 상호작용이 아동 발달의 기본 구성 요소가 된다는 이론)을 바탕으로 구성되었습니다. 이들 워크숍은 (바이오피드백 이론과 현대의 다양한 심리요법에서 나온) 이완, 자기표현, 자기 제어 및 상호작용 기법을 효과적으로 통합하고 있습니다. 스마일 키퍼스 프로그램의 주요 내용과 가치는 (물론 피드백 이론이나 사회적 상호작용 이론에 기초한 것이지만) 그러한 워크숍들과 전체적인 구성이 매우 독창적이라는 점에 있습니다. 이 프로그램의 고갱이는 상호작용하는 워크숍들의 특별히 고안된 순서를 통해서 전해집니다. 이 프로그램의 주요 가치는 이 워크숍들의 내용과 워크숍이 나열된 순서의 독창성에 있습니다. 그리고 스마일 키퍼스 프로그램과 심리 변화를 자극하는 여러 활동들의 중심에 어린이들이 있습니다. 이 프로그램에 참여한 어린이들은 다음과 같은 방법으로 배웁니다.

1) 신체적·정서적으로 편안한 분위기에서 어린이의 '마음이 열려', 내적 경험을 외부로 표출합니다.

2) 이러한 외부 표출 과정(발표, 그리기, 역할극 등)에서 카타르시스와 간단한 피드백을 통해서 통찰력이 생깁니다.

3) 개인적 경험을 외부로 표출함으로써 다른 사람들도 비슷한 경험을 한다는 통찰을 얻게 되며, 사회 구성원들 간의 유사점과 차이점에 대한 이해가 증진됩니다.

4) 어린이들은 자기 자신과 다른 사람의 경험을 말로 표현하도록 요청을 받음으로써 자신을 더 잘 이해할 수 있게 됩니다.(예: 자기 내면에서 일어나고 있는 일들에 대해 구체

적인 지식을 얻게 됨)

5) 상호적인 워크숍(예: 오해가 발생하는 이유, 사회적 갈등, 비언어적 의사소통 등)에서는 개인의 행동 및 경험에 다른 사람들이 어떻게 대응하는지에 대해, 즉 사회적인 피드백에 대해 이야기하고 또 공동의 문제에 대한 공동의 해결책을 모색함으로써 다른 사람들을 통해 자신을 보고, 대인 관계 문제 해결에 필요한 다양한 심리 기법을 배웁니다.

6) 워크숍 진행자들은 신중하게 매우 중요한 지지자 역할을 합니다. 워크숍이 이어지는 동안 어린이들이 어떻게 변해 가는지 그 과정을 전부 관찰하고, 워크숍 세팅을 미리 준비하며, 아동 발달 과정이 성공적으로 이루어지도록 특별 파트너가 되어 줍니다. 이러한 워크숍에서 어린이들은 적극적으로 참여하면서 경험을 통해 배우고, 삶에서 일어나는 어려움과 문제를 맞닥뜨리고 해결하는 데 도움이 되는 지식과 기술과 방법을 배우게 됩니다. 체험 위주의 이러한 교육법은 특히 전쟁을 겪은 어린이들(난민 아동, 가족을 잃은 고통을 겪는 어린이, 극도의 공포감을 경험한 어린이 등 외상 후 스트레스 증후군(Post-traumatic stress syndrome)를 겪는 어린이들)에게 특히 도움이 됩니다. 또 전쟁과 파괴, 빈곤으로 인해 각종 스트레스에 찌든 세르비아 같은 곳의 어린이들에게도 도움이 됩니다. 이 프로그램은 정상적인 아동 발달 환경에서도 오늘날의 교육제도에 많이 결여된, 어린이의 적극적 참여를 자극하는 역할을 할 것입니다.

이 프로그램이 의도하는 모든 목적을 달성하려면 다음과 같은 사항이 필요합니다.

1) 진행자 교육

2) 첫 번째 워크숍에서 실험을 통해 한 반의 적정 인원수를 정하는 것

3) 워크숍 동안에 쓰는 말의 어휘나 말투가 해당 어린이들의 발달 단계에 적당한지 검토하기

4) 워크숍을 진행하는 도중에 각 그룹의 특성에 맞게, 또 어린이들의 반응이나 참여도에 따라 자유롭게 내용을 조정하기
5) 적어도 프로그램의 첫 번째 효과(어른들이 보기에 어린이들에게 변화가 생겼는지, 어린이들 스스로가 이 프로그램이 효과가 있다고 보는지, 어린이들이 프로그램에서 배운 것을 다른 상황에서 적용하는 모습이 보이는지)가 나타나는지 평가하기

마지막으로, 스마일 키퍼스 프로그램이 많은 호응을 얻기를 바랍니다. 이 프로그램은 중요한 교육 혁신이며, 특히 전쟁의 피해를 입은 어린이들뿐 아니라 일반 아동들 사이에서도 실질적인 효과를 거둘 수 있기 때문입니다.

—1993년 7월 15일 세르비아 베오그라드에서

이반 이비치 박사

(베오그라드대학교 발달심리학 교수)

## ● 저자 소개

나다 이냐토비치-사비치(1947~2011)는 31년간 세르비아의 베오그라드대학교에서 발달심리학을 강의하며 연구했다. 여러 연구 프로젝트와 중재 프로젝트를 수행했고, 개인적 발달, 의사소통, 사회적 상호작용, 교육 분야에서 여러 권의 책을 저술하고 많은 프로그램을 진행했다.

'스마일 키퍼스'라는 비폭력대화센터의 공동 설립자이기도 한데, '스마일 키퍼스'는 주로 인간 발달, 자기 인식 및 집단 인식 강화, 교육 관행 및 사회 변화의 재구성 문제를 다루는 비정부기구이다.

1993~2001년에는 유니세프, EU, 노르웨이 피플스 에이드, 세이브 더 칠드런 트러스트가 지원하는 다수의 중재 프로젝트를 수행했다. 이 기간에는 구 유고슬라비아의 여러 단체들과 함께 전쟁의 상처를 치유하고 평화를 정착시키기 위한 여러 교육 프로그램을 제공하기도 하였다. 2000~2002년에는 2개의 국제 평화 프로젝트—그리스 델포이와 올림피아에서 열린 '어린이 올림픽'(10개국의 어린이들과 전문가들 참여) 및 로마와 예루살렘에서 개최된 '이스라엘과 팔레스타인의 종교 지도자, 기업인, 대학 관계자, 언론인들과 함께하는 평화와 화해의 작업(The Day After)'—에서 프로그램 위원회의 위원과 트레이너로 활동했다.

마셜 로젠버그 박사로부터 비폭력대화 지도자 인증을 받은 1993년 이후에는 로젠버그 박사와 함께 세계 여러 곳에서 열흘짜리 집중 교육으로 진행된 비폭력대화 프로그램에 공동 트레이너로 참여했고, 유럽과 이스라엘, 인도에서 활발하게 비폭력대화를 교육했다. 2003년에는 그리스 펠리온에서 '인권과 갈등 관리' 프로젝트팀에 비폭력대화를 가르쳤다. 이 프로젝트는 유럽여성네트워크가 EU와 그리스 청소년부의 후원을 받아 진행했다.

나다 이냐토비치-사비치는 '세르비아 지구 수호 네트워크'(Serbia of the Earth Stewards Network)의 코디네이터를 역임하기도 했다. 이것은 1979년에 심리학자인 다난 패리가 설립한 국제 네트워크로, 평화, 국제적 소통, 갈등 해결, 시민 외교 문제를 다루는 기구이다.

1996년 이후로는 EP(Essential Peacemaking/Women & Men) 인증 퍼실리테이터로도 활동했다. 크리스 가드너와 함께 구 유고슬라비아 등 유럽 여러 국가에서 다양한 그룹에 EP 교육을 제공했다.

2001~2004년에는 세르비아 교육부와 함께 일하면서 교육 민주화와 학교 제도 개혁을 위한 전문가팀에 참여했다. 여기서 나다 이냐토비치-사비치는 초등학생들을 위한 시민 교육 프로그램도 개발했다.

## 대표 저서 및 논문

- N. Ignjatović-Savić, T. Kovač-Cerović, D. Plut, and A. Pešikan, "Social Interaction and Its Developmental Effects," in J. Valsiner(ed.), *Child Development within Culturally Structured Environments*, Ablex, 1988, 89~159.

- N. Ignjatović-Savić, "Le developpement de la cognition sociale chez les enfants prescolaires: une approche interactive," in *Quelles recherches, quelles demarches pour que tous les enfants developpent leurs potentialites?*, CRESAS-INRP, Paris, 1992.

- N. Ignjatović-Savić, "Expecting the Unexpected: A View on Child Development from War Affected Social Context," in *Psihologija*, Journal of the Serbian Psychological Association, Vol. XXVIII, Special Issue 1995.

## 프로그램 및 매뉴얼

- 스마일 키퍼스
  심리학자와 교사들의 개인적, 전문가적 역량 개발을 위한 2개의 교육 프로그램, 1993.
- 스마일 키퍼스 I·II·III

5~10, 11~15, 15~18세 어린이와 청소년을 위한 프로그램 매뉴얼로, 베오그라드대학교 심리학연구소가 발행(1994). 이 프로그램들의 목표는 참가자들이 감정적 경험(두려움, 슬픔, 분노)과 갈등에 대한 대응 전략, 자아 및 사회적 인지 능력을 계발하도록 돕는 것이다.

- 상호 교육(Mutual Education)

  아동 관련 분야 종사자들을 위한 비폭력대화 교육 프로그램(1995).

- 말은 창문이 될 수도 있고 벽이 될 수도 있습니다(Words are windows or they are walls) 1·2·3

  5~10, 11~14, 15~18세 아동/청소년에게 비폭력대화 프로그램을 교육하는 교사들을 위한 매뉴얼. 베오그라드대학교 심리학연구소 출판(1996). 이 매뉴얼들은 독일어, 영어, 폴란드어, 덴마크어, 이탈리아어로 번역되었으며, 유럽의 여러 유치원과 학교에서 사용되고 있다.

- 시민교육 1·2·3

  초등학교 1, 2, 3학년을 위한 시민 교육 프로그램. 세르비아 교육부 발행(2002~2004).

# 스마일 키퍼스® Smile Keepers®
# 프로그램 진행자를 위한 교육 안내

한국NVC센터에서는 스마일 키퍼스 프로그램 진행자를 위한 교육을 제공하고 있습니다.

• 모든 진행자들은 프로그램을 진행하기 전에 진행자를 위한 교육에 참가해야 합니다. 이 교육은 프로그램 진행자들이 각 워크숍의 내용과 목표에 대해서 배우고, 직접 체험과 적극적인 전문성 개발을 통해 워크숍 진행 기술을 습득하도록 돕기 위한 것입니다. 또한 전통적 교육 방식이 아닌 대안적 방식을 학습하므로, 교육자로서의 자질을 증진하는 기회도 됩니다.

• 진행자를 위한 교육은 총 42시간으로 구성되어 있습니다. 인간 발달에 관한 이론적인 배경을 학습하여 이해도를 높이고, 아이들을 공감하는 연습을 하며, 16회가량의 스마일 키퍼스 워크숍을 모의 진행 방식으로 직접 진행해 봅니다. 모의 진행을 통해 어린 시절의 경험으로 돌아가 그때의 상처를 치유하는 체험을 하기도 하고, 아이들을 더 잘 이해할 수 있는 기회를 가지게 됩니다.

• 더 깊은 공감으로 아이들을 대하기 위해 한국NVC센터를 통해 진행되는 NVC1, NVC2, NVC3 과정을 이수한 분을 대상으로 진행자를 위한 교육이 진행되고 있습니다. (* 특히 교직에 계신 선생님은 교육자로서의 전문성을 인정하여 NVC2를 이수하신 경우에도 가능합니다.)

한국NVC센터 www.krnvc.org 02-6291-5585